中国工程建设标准化协会标准

桥梁混凝土结构无损检测技术规程

Technical Specifications for Non-destructive Testing of
Bridge Concrete Structure

T/CECS G：J50-01—2019

主编单位：交通运输部公路科学研究所
批准部门：中国工程建设标准化协会
实施日期：2019 年 10 月 01 日

人民交通出版社股份有限公司

图书在版编目(CIP)数据

桥梁混凝土结构无损检测技术规程：T/CECS G:J50-01—2019／交通运输部公路科学研究所主编. — 北京：人民交通出版社股份有限公司, 2019.7
ISBN 978-7-114-15825-4

Ⅰ．①桥… Ⅱ．①交… Ⅲ．①桥梁结构—混凝土结构—无损检验—技术规范 Ⅳ．①U443-65

中国版本图书馆CIP数据核字(2019)第190945号

标准类型：中国工程建设标准化协会标准
标准名称：**桥梁混凝土结构无损检测技术规程**
标准编号：T/CECS G：J50-01—2019
主编单位：交通运输部公路科学研究所
责任编辑：李　沛　王海南
责任校对：孙国靖　扈　婕
责任印制：刘高彤
出版发行：人民交通出版社股份有限公司
地　　址：(100011)北京市朝阳区安定门外外馆斜街3号
网　　址：http://www.ccpress.com.cn
销售电话：(010)59757973
总 经 销：人民交通出版社股份有限公司发行部
经　　销：各地新华书店
印　　刷：北京鑫正大印刷有限公司
开　　本：880×1230　1/16
印　　张：6.25
字　　数：159千
版　　次：2019年9月　第1版
印　　次：2020年5月　第2次印刷
书　　号：ISBN 978-7-114-15825-4
定　　价：60.00元

(有印刷、装订质量问题的图书，由本公司负责调换)

中国工程建设标准化协会
公 告

第433号

关于发布《桥梁混凝土结构无损检测技术规程》的公告

根据中国工程建设标准化协会《关于印发〈2014年第二批工程建设协会标准制定、修订计划〉的通知》(建标协字〔2014〕070号)的要求,由交通运输部公路科学研究所等单位编制的《桥梁混凝土结构无损检测技术规程》,经本协会公路分会组织审查,现批准发布,编号为T/CECS G:J50-01—2019,自2019年10月1日起施行。

二〇一九年五月六日

前 言

根据中国工程建设标准化协会《关于印发〈2014年第二批工程建设协会标准制定、修订计划〉的通知》(建标协字[2014]070号)的要求,交通运输部公路科学研究所等单位承担《桥梁混凝土结构无损检测技术规程》(以下简称"本规程")的制定工作。

编写组针对桥梁混凝土结构特点和无损检测技术要求,按照"全面、实用"的指导原则,进行了广泛的调查研究,查阅了大量国内外有关无损检测技术的文献资料,积极吸纳近年来国内混凝土结构无损检测技术最新研究成果;积极吸纳近年来经工程验证的成熟技术和好经验、好做法;掌握国际先进标准的动态,积极采用经验证符合我国国情的国外先进标准;广泛征求主管部门、项目业主、设计、设备企业等的意见,制定的技术内容充分考虑工程实施的可行性和可操作性,经反复讨论、修改,最终经审查定稿,完成了本规程的编制工作。

本规程分为11章、16篇附录,主要内容包括:1 总则、2 术语和符号、3 基本要求、4 混凝土强度检测、5 钢筋保护层检测、6 钢筋锈蚀电位检测、7 混凝土电阻率检测、8 混凝土氯离子含量检测、9 混凝土碳化状况检测、10 混凝土结构缺损检测、11 预应力管道压浆密实度检测,附录A 混凝土强度检测仪器使用要求、附录B 用回弹-取芯综合法检测桥梁结构混凝土强度的方法、附录C 用超声回弹综合法结合取芯检测桥梁结构混凝土强度的方法、附录D 钢筋保护层厚度测试仪核查方法及钢筋保护层厚度现场检测记录表、附录E 钢筋锈蚀电位现场检测记录表、附录F 混凝土电阻率现场检测记录表、附录G 混凝土氯离子含量检测的试验室测试方法及混凝土氯离子含量现场检测记录表、附录H 混凝土碳化深度现场检测记录表、附录J 超声单面平测法检测混凝土裂缝深度、附录K 超声双面对测法检测混凝土裂缝深度、附录L 超声双面斜测法检测混凝土裂缝深度、附录M 超声钻孔对测法检测混凝土裂缝深度、附录N 桥梁混凝土结构裂缝检查记录表、附录P 超声法检测混凝土内部密实性、附录Q 冲击回波法检测混凝土缺陷、附录R 预应力管道压浆密实度检测记录表。

本规程是基于通用的工程建设理论及原则编制,适用于本规程提出的应用条件。对于某些特定专项应用条件,使用本规程相关条文时,应对适用性及有效性进行验证。

本规程由中国工程建设标准化协会公路分会负责归口管理,由交通运输部公路科学研究所负责具体技术内容的解释,在执行过程中如有意见或建议,请函告本规程日常管理组,中国工程建设标准化协会公路分会(地址:北京市海淀区西土城路8号;邮编:100088;电话:010-62079839;传真:010-62079983;电子邮箱:shc@rioh.cn),或交通运输部公路科学研究所(地址:北京市海淀区西土城路8号,邮编:100088,电子邮箱:hf.he@rioh.cn),

以便修订时参考。

主 编 单 位：交通运输部公路科学研究所
参 编 单 位：重庆市公路工程质量检测中心
　　　　　　北京市道路工程质量监督站
　　　　　　浙江交通规划设计研究院有限公司
　　　　　　天津市交通科学研究院
　　　　　　山东省公路桥梁检测中心
　　　　　　北京路桥瑞通科技发展有限公司
　　　　　　北京公科固桥技术有限公司
　　　　　　云南航天工程物探检测股份有限公司

主　　　　编：和海芳　何小钰
主要参编人员：何玉珊　沈小俊　周绪利　高　飞　王兴奎　宿　健
　　　　　　　谢应爽　胡建福　生墨海　邬　军　李　军　黄江明
　　　　　　　乔仲发　孙运国　李永强　郑连生　朱尚清　张小江
　　　　　　　王润建　李怀雷　梁剑军　苏建坤　吴寒亮　许泽峰

主　　　　审：刘仰韶
参与审查人员：张劲泉　赵尚传　李万恒　王开波　国天逵　王宗纲
　　　　　　　王练柱　张　征　王亦麟

目　次

1　总则 ··· 1
2　术语和符号 ·· 2
　2.1　术语 ··· 2
　2.2　符号 ··· 3
3　基本要求 ·· 5
　3.1　检测工作程序 ·· 5
　3.2　检测方法选择 ·· 5
　3.3　检测方式和抽样原则 ··· 6
　3.4　数据采集 ·· 6
　3.5　检测报告 ·· 6
4　混凝土强度检测 ··· 7
　4.1　一般规定 ·· 7
　4.2　检测方法选择 ·· 8
　4.3　检测要求 ·· 8
　4.4　检测数据处理 ·· 12
5　钢筋保护层检测 ··· 21
　5.1　一般规定 ·· 21
　5.2　检测方法选择 ·· 21
　5.3　检测要求 ·· 21
　5.4　检测数据处理 ·· 22
6　钢筋锈蚀电位检测 ·· 25
　6.1　一般规定 ·· 25
　6.2　检测方法选择 ·· 25
　6.3　检测要求 ·· 25
　6.4　检测数据处理 ·· 27
7　混凝土电阻率检测 ·· 29
　7.1　一般规定 ·· 29
　7.2　检测方法选择 ·· 29

7.3 检测要求	30
7.4 检测数据处理	30
8 混凝土氯离子含量检测	**31**
8.1 一般规定	31
8.2 检测方法选择	31
8.3 检测要求	32
8.4 检测数据处理	32
9 混凝土碳化状况检测	**34**
9.1 一般规定	34
9.2 检测方法选择	34
9.3 检测要求	35
9.4 检测数据处理	36
10 混凝土结构缺损检测	**37**
10.1 一般规定	37
10.2 检测方法选择	37
10.3 检测要求	39
10.4 检测数据处理	41
11 预应力管道压浆密实度检测	**47**
11.1 一般规定	47
11.2 检测方法选择	47
11.3 检测要求	48
11.4 检测数据处理	51
附录A 混凝土强度检测仪器使用要求	53
附录B 用回弹-取芯综合法检测桥梁结构混凝土强度的方法	56
附录C 用超声回弹综合法结合取芯检测桥梁结构混凝土强度的方法	60
附录D 钢筋保护层厚度测试仪核查方法及钢筋保护层厚度现场检测记录表	61
附录E 钢筋锈蚀电位现场检测记录表	63
附录F 混凝土电阻率现场检测记录表	64
附录G 混凝土氯离子含量检测的试验室测试方法及混凝土氯离子含量现场检测记录表	65
附录H 混凝土碳化深度现场检测记录表	69
附录J 超声单面平测法检测混凝土裂缝深度	70
附录K 超声双面对测法检测混凝土裂缝深度	73
附录L 超声双面斜测法检测混凝土裂缝深度	74
附录M 超声钻孔对测法检测混凝土裂缝深度	75

附录 N	桥梁混凝土结构裂缝检查记录表	78
附录 P	超声法检测混凝土内部密实性	79
附录 Q	冲击回波法检测混凝土缺陷	83
附录 R	预应力管道压浆密实度检测记录表	86

本规程用词用语说明 …………………………………………………………………… 87

1 总则

1.0.1 为规范公路桥梁混凝土结构无损检测工作,提高无损检测技术水平,制定本规程。

1.0.2 本规程适用于采用普通混凝土建造的公路桥梁结构。

条文说明

本条所指的普通混凝土系主要由水泥、砂、石、外加剂、掺合料和水配制的密度为 $2\,000 \sim 2\,800 kg/m^3$ 的混凝土。

1.0.3 公路桥梁混凝土结构无损检测除应满足本规程的规定外,尚应符合国家和行业现行有关强制性标准的规定。

2 术语和符号

2.1 术语

2.1.1 钢筋的混凝土保护层厚度　concrete cover thickness to reinforcement

从混凝土表面到最外层钢筋(包括纵向钢筋、箍筋和分布钢筋)公称直径外边缘之间的最小距离。

2.1.2 钢筋锈蚀电位　corrosion potential

钢筋/混凝土自然状态下半电池电极与测试参考电极之间的电位差。

2.1.3 混凝土电阻率　resistivity of concrete

混凝土单位长度上单位面积的电阻值。

2.1.4 混凝土氯离子含量　content of chloride ion in concrete

氯离子占胶凝材料用量或混凝土质量的百分比。

2.1.5 混凝土碳化　concrete carbonization

混凝土中的碱性物质与CO_2等气体发生的中性化反应。

2.1.6 压浆密实度　grouting density

桥梁预应力管道内压浆的密实程度,本规程按单根预应力管道内压浆密实段长度与预应力管道长度的比值计算,用百分数表示。

2.1.7 桥梁调查　bridge survey

对桥梁基本技术资料的搜集与掌握,包括设计、施工、监理、试验、养护、维修加固、水文与地质状况及其他历史资料。

2.1.8 无损检测方法　method of non-destructive testing

对结构实施的不损害或不影响其使用功能和用途的检测方法。

2.1.9 回弹法　rebound method

通过测定回弹值及有关参数检测材料抗压强度和强度匀质性的方法。

2.1.10 超声回弹综合法 ultrasonic-rebound combined method

通过测定混凝土的超声波声速值和回弹值检测混凝土抗压强度的方法。

2.1.11 超声法 ultrasonic method

通过测定超声脉冲波的有关声学参数检测非金属材料缺陷和抗压强度的方法。

2.1.12 电磁感应法 electromagnetic test method

用电磁感应原理检测混凝土结构及构件中钢筋位置、混凝土保护层厚度及公称直径的方法。

2.2 符号

C_{AgNO_3}——硝酸银标准溶液的浓度；

D_{i0}——第 i 个测点探头垫块厚度；

D_{i1}——第 i 个测点第 1 次检测的钢筋保护层厚度检测值；

D_{i2}——第 i 个测点第 2 次检测的钢筋保护层厚度检测值；

D_{iD}——第 i 个测点钢筋保护层厚度修正值；

D_{ni}——测点钢筋保护层厚度平均检测值；

$\overline{D}_n$——测量部位钢筋保护层厚度平均值；

d_m——测区的平均碳化深度值；

$f_{cor,i}$——第 i 个混凝土芯样试件的抗压强度；

$f_{cor,m}$——芯样试件混凝土强度平均值；

$f_{cu,e}$——构件混凝土强度推定值；

$f_{cu,i}$——第 i 个混凝土立方体试块的抗压强度；

$f_{cu,m}$——同条件立方体试块混凝土强度平均值；

$f^c_{cu,i}$——第 i 个测区混凝土强度换算值；

$f^c_{cu,i0}$——修正前第 i 个测区的混凝土强度换算值；

$f^c_{cu,i1}$——修正后第 i 个测区的混凝土强度换算值；

$f^c_{cu,min}$——构件中测区混凝土强度换算值的最小值；

$f^c_{cu,m0}$——对应于钻芯部位或同条件试块回弹测区混凝土强度换算值的平均值；

K_i——钢筋保护层厚度修正系数；

R_i——测区第 i 个测点的回弹值；

R_m——测区或试块的平均回弹值；

R^b_m——回弹仪在水平方向检测混凝土浇筑底面时,测区的平均回弹值；

R_m^t ——回弹仪在水平方向检测混凝土浇筑表面时,测区的平均回弹值;

$R_{m\alpha}$ ——回弹仪非水平方向检测时,测区的平均回弹值;

$R_{\partial\alpha}$ ——回弹仪非水平方向检测时,回弹值的修正值;

S_b ——标准垫块厚度值;

S_i ——钻孔前验证测点位置钢筋保护层厚度检测值;

S_{i1} ——标准垫块放置前钢筋保护层厚度检测值;

S_{i2} ——标准垫块放置后钢筋保护层厚度检测值;

S_r ——钻孔后验证测点位置深度卡尺量测钢筋保护层厚度值;

T ——预应力管道压浆密实度;

v ——弹性波传播速度,预应力管道压浆锚固体系的固结声波波速;

$W_{cl^-}^A$ ——硬化混凝土中氯离子占胶凝材料用量的百分比;

$W_{cl^-}^B$ ——硬化混凝土中氯离子占混凝土质量的百分比;

ρ_i ——测点混凝土电阻率实测值;

ρ_{min} ——混凝土电阻率最小值。

3 基本要求

3.1 检测工作程序

3.1.1 桥梁混凝土结构无损检测宜遵循接受任务、制订方案、现场检测、整理分析、编制报告的工作程序。

条文说明

　　桥梁混凝土结构无损检测工作程序描述了常规情况下对桥梁混凝土结构进行无损检测的全过程所包含的各个阶段的工作。特殊情况下对桥梁混凝土结构进行无损检测时，则应根据其检测目的确定其无损检测的工作程序及所包含的相应内容。

3.1.2 检测工作开展前应进行现场调查和资料收集。现场调查的重点宜为结构技术状况、荷载及环境条件；资料收集宜包括勘察设计、施工、运营、养护等方面的技术资料。

3.1.3 检测工作开展前应制订检测方案，检测方案宜包括下列主要内容：
1　项目概况，主要包括工程概况和任务来源；
2　检测目的和检测内容；
3　检测依据和方法；
4　检测仪器设备；
5　检测人员及分工；
6　工作进度计划；
7　质量保证措施；
8　安全保证措施；
9　环境保护措施。

3.1.4 检测工作结束后，应及时修补检测造成的结构或构件的损伤。

3.2 检测方法选择

3.2.1 检测时应根据结构技术状况、检测目的、检测项目和参数、现场条件选择适宜、可靠的检测方法和仪器设备。

3.2.2 检测时应确保所使用的仪器设备在检定或校准有效期内,并处于正常状态。

3.3 检测方式和抽样原则

3.3.1 检测可采取全数检测或抽样检测两种方式。

3.3.2 抽样检测时,应随机抽取样本;当不具备随机抽样条件时,可按约定方法,在满足规范要求的条件下抽取样本,抽取的样本应具有代表性。

3.3.3 抽样方案应综合考虑结构特点、荷载效应、环境影响、施工工艺、外观质量等,选择有代表性的构件或部位。

3.4 数据采集

3.4.1 检测获取的数据或信息应满足下列要求:
1 检测的原始记录应及时记录在专用表格上,并保证数据真实、字迹清晰、信息完整、形式规范;
2 仪器自动采集记录的数据应及时确认、保存和备份;
3 照片、录像等图像资料应记录获取时间和位置等信息。

3.4.2 测区和测点的标注和标识应具有唯一性,并与原始记录一一对应。

3.5 检测报告

3.5.1 检测报告应包括下列内容:
1 项目概述,包括工程名称、结构类型、建成时间、所处环境条件、以往相关检测情况概述及存在的主要问题等;
2 检测目的及要求;
3 检测项目、检测内容、检测方法及相关的技术文件;
4 检测方式、抽样方法、检测数量与检测位置;
5 检测项目的分类检测数据和汇总结果、检测结果、检测结论及建议;
6 检测仪器设备信息;
7 检测日期,报告发出日期;
8 检测、审核和批准人员的签名;
9 检测机构的有效印章。

3.5.2 检测报告应附有必要的原始资料、图表、照片。

4 混凝土强度检测

4.1 一般规定

4.1.1 结构或构件混凝土强度检测前宜了解下列资料：
1 工程名称及设计、施工、监理（或监督）、建设单位名称；
2 结构或构件名称、外形尺寸、数量及混凝土强度等级；
3 混凝土配合比及原材料试验报告等；
4 模板类型，混凝土浇筑和养护情况，以及成型日期；
5 必要的设计图纸和施工记录。

条文说明

本条规定了在检测混凝土强度前应搜集的资料。必须对被检构件有全面、系统的了解。此外，必须了解水泥的安定性，如水泥安定性不合格，则不能用回弹法检测，如不能确定水泥安定性合格与否，则应在检测报告上说明，以免产生由于后期混凝土强度因水泥安定性不合格而降低或丧失所引起的事故责任不清的问题。同时应了解混凝土的成型日期，这样可以推算出检测时构件混凝土的龄期。

4.1.2 桥梁结构混凝土强度检测可采用下列两种方式：
1 构件检测：适用于单个结构或构件的检测；
2 部位检测：适用于对结构或构件关键控制部位的检测。

4.1.3 混凝土强度测试表面应为混凝土原浆面，并应清洁、平整，不应有疏松层、浮浆、油垢、涂层以及蜂窝、麻面。必要时，可用砂轮片清除疏松层和杂物，且不应有残留的粉末和碎屑。对于回弹仪弹击时产生颤动的薄壁、小型构件，应进行固定。

条文说明

检测面应为混凝土原浆面，已经粉刷的构件应将粉刷层清除干净，不可将粉刷层当作混凝土原浆面进行检测。混凝土表面的疏松层、浮浆、油垢、涂层以及蜂窝、麻面应清除，否则会造成误判。对于薄壁、小型构件，如果约束力不足，回弹时产生颤动，会造成回弹能量损失，使检测结果偏低，因此必须加以固定。

4.2 检测方法选择

4.2.1 结构混凝土强度无损检测时可采用回弹法、超声回弹综合法,当对检测结果存有异议时,可结合取芯法进行修正或验证。

4.2.2 桥梁结构混凝土强度检测时,若只有一个可测面,宜采用回弹法;若有两个相对可测面,宜采用超声回弹综合法。

4.2.3 采用回弹法和超声回弹综合法时,被检测混凝土的内、外质量应无明显差异。

4.2.4 下列情况下,不宜采用回弹法检测结构混凝土强度:
1 遭受冻害、化学腐蚀、火灾、高温损伤的混凝土;
2 被测构件厚度小于10cm;
3 结构表面温度低于-4℃或高于40℃;
4 其他表层与内部质量有明显差异或内部存在缺陷的混凝土结构或构件。

4.2.5 下列情况下,不宜采用超声回弹综合法检测结构混凝土强度:
1 遭受冻害、化学腐蚀、火灾、高温损伤的混凝土;
2 被测构件厚度小于10cm;
3 结构表面温度低于-4℃或高于40℃。

4.2.6 当构件混凝土设计强度等级大于C60时,可采用标称能量大于2.207J的混凝土回弹仪,并应根据现行《高强混凝土强度检测技术规程》(JGJ/T 294)进行检测。

4.3 检测要求

4.3.1 桥梁结构混凝土强度采用构件检测方式时,应符合下列规定:
1 对于混凝土生产工艺、强度等级相同,原材料、配合比、养护条件基本一致且龄期相近的一批同类构件的检测宜采用批量检测。按批量进行检测时,应随机抽取构件,抽检数量不宜少于相同构件总数的30%且不宜少于10件。当检验批构件数量大于30个时,抽样构件数量可适当调整,并不得少于国家现行有关标准规定的最少抽样数量。
2 分段(层)浇筑混凝土结构(如箱梁等)应按照浇筑情况的不同,对各节段(层)分别划分构件,不同节段(层)的混凝土强度检测数据不得混用。
3 对于受不利因素影响的结构或构件的混凝土强度检测,应根据环境差异和外观质量来划分构件,混凝土强度测区应能代表不同环境条件和不同受损结构外观的特征。

4 回弹法对箱梁构件箱内测区与箱外测区分别进行回弹测试时,若回弹测试结果差异较大,可使用超声回弹综合法进行复测,必要时结合取芯对测试数据进行修正。

4.3.2 桥梁结构混凝土强度采用构件检测方式时,每一结构或构件的测区布置应符合下列规定:

1 每一结构或构件测区数不应少于10个。当受检构件数量大于30个且不需提供单个构件推定强度,或构件某一方向尺寸不大于4.5m、另一方向尺寸不大于0.3m时,其测区数量可适当减少,但不应少于5个。

2 相邻两测区的间距不应大于2m。测区距构件端部或施工缝边缘的距离不宜小于0.2m。

3 测区面积不应大于$0.04m^2$,当超声测试采用平测时测区面积应为$0.16m^2$。

4 当结构或构件有不同的可测面时,测区布置应根据不同测试面分别布设,不同测试面测试数据不得混用。在构件的重要部位及薄弱部位应布置测区,并应避开预埋件。

5 对于泵送混凝土,回弹法检测混凝土强度时,测区应选在混凝土浇筑侧面。

4.3.3 桥梁结构混凝土强度采用部位检测方式时,应符合下列规定:

1 大体积混凝土结构(如锚碇、基础等)应根据浇筑部位对混凝土侧面或顶面按部位检测方式进行检测,采用回弹法时,回弹仪的标称能量应大于2.207J。

2 测区应涵盖桥梁主要承重构件的关键控制断面,测区应均匀布置,可沿控制断面两侧锯齿形或对称布设。

4.3.4 按部位检测方式检测时,每一部位的测区布置应符合下列规定:

1 每一部位的测区数不应少于6个。

2 相邻两测区的间距应控制在0.4m以内。

3 测区距构件端部或施工缝边缘的距离不应小于0.2m。

4 测区面积不应大于$0.04m^2$,且应均匀分布,并应避开预埋件。

4.3.5 不同结构类型桥梁混凝土强度按部位检测方式检测时,关键控制断面及测区布置可按表4.3.5执行。

表4.3.5 不同结构类型桥梁关键控制断面及测区布置

结构类型	桥　　型	关键控制断面	测　区　布　置
梁式桥	简支梁桥	a)跨中截面; b)距支点 $h/2$ 部位自梁底斜内侧向上45°截面	a)装配式板桥,当侧面无可测面时,测区可布设于浇筑表面或底面; b)箱梁、现浇板梁测区宜选在能使回弹仪处于水平方向的混凝土浇筑侧面。当不能满足这一要求时,也可选在使回弹仪处于非水平方向的混凝土浇筑顶面或底面; c)T梁测区应布设于腹板左右侧面

续上表

结构类型	桥 型	关键控制断面	测 区 布 置
梁式桥	连续梁桥	a) 主跨/中间跨最大正弯矩截面; b) 边跨最大正弯矩截面; c) 主跨/中间跨中支点截面	a) 箱形截面测区宜选在能使回弹仪处于水平方向的混凝土浇筑侧面。当不能满足这一要求时,也可选在使回弹仪处于非水平方向的混凝土浇筑顶面或底面; b) T形截面测区应布设于腹板侧面
梁式桥	悬臂梁桥	a) 墩顶支点截面; b) 锚固孔最大正弯矩截面	箱形截面测区宜选在能使回弹仪处于水平方向的混凝土浇筑侧面。当不能满足这一要求时,也可选在使回弹仪处于非水平方向的混凝土浇筑顶面或底面
拱桥	刚架拱桥 桁架拱桥	a) 实腹段跨中截面; b) 主拱腿拱脚截面; c) 刚架拱桥节点部位; d) 弦杆跨中截面	测区宜布设于拱肋实腹段、主拱腿、上弦杆、大小节点侧面
拱桥	板拱桥 肋拱桥 箱形拱桥 双曲拱桥	a) 拱顶截面; b) 拱脚截面; c) $L/4$ 截面	a) 板拱桥、箱形拱桥当无可测侧面时,测区可布设于浇筑顶面或底面; b) 肋拱桥、双曲拱桥测区宜布设于拱肋侧面
刚架桥	门式刚架桥 斜腿刚架桥 T形刚构桥	a) 主梁跨中截面或最大正弯矩截面; b) 主梁与斜腿交界处主梁截面; c) 斜腿顶截面、斜腿脚截面; d) T构墩顶截面	a) 板梁截面,当侧面无可测面时,测区可布设于浇筑顶面或底面; b) 箱形截面测区宜选在能使回弹仪处于水平方向的混凝土浇筑侧面。当不能满足这一要求时,也可选在使回弹仪处于非水平方向的混凝土浇筑顶面或底面; c) 下部测区宜布设于浇筑侧面
组合体系桥	系杆拱桥	a) 拱顶截面; b) 拱脚截面; c) 系梁跨中、$L/4$ 截面	测区宜布设于拱肋、系梁侧面
组合体系桥	连续刚构桥	a) 主梁最大弯矩截面; b) 主梁墩顶处截面	箱形截面测区宜选在能使回弹仪处于水平方向的混凝土浇筑侧面。当不能满足这一要求时,也可选在使回弹仪处于非水平方向的混凝土浇筑顶面或底面
组合体系桥	斜拉桥	a) 跨中截面; b) 墩顶截面; c) 主塔塔脚截面	测区宜布设于主梁、主塔浇筑侧面
组合体系桥	悬索桥	a) 中跨最大弯矩截面; b) 中跨 $3L/8$ 截面; c) 主塔塔脚截面	测区宜布设于主梁、主塔浇筑侧面
下部结构		a) 盖梁柱间跨中截面; b) 盖梁柱顶截面; c) 立柱柱顶、柱脚截面	测区可布设于墩台盖梁、立柱侧面

4.3.6 桥梁结构混凝土强度检测现场操作应按下列规定进行：

1 用回弹法测试时，除应符合本规程第 4.3.1～4.3.5 条的规定外，尚应符合下述规定：

1）检测时，回弹仪的轴线应始终垂直于混凝土检测面，缓慢施压，准确读数，快速复位。混凝土强度检测仪器使用要求见本规程附录 A。

2）应使仪器处于水平状态，测试混凝土浇筑侧面。如不能满足这一要求，也可非水平状态测试，测试混凝土浇筑顶面或底面。

3）测点在测区范围内应均匀分布，但不得布置在气孔或外露石子上。相邻两测点的净距离不宜小于 20mm；测点距外露钢筋、预埋件的距离不宜小于 30mm，且同一测点只允许弹击一次。

4）回弹法测试每一测区应记取 16 个回弹值，每一测点的回弹值读数应精确至 1。

2 超声回弹综合法测量时，除应符合本规程第 4.3.1～4.3.5 条的规定外，尚应符合下述规定：

1）同一个构件上的超声测距应基本一致，测区尺寸宜为 200mm×200mm，采用平测时宜为 400mm×400mm。

2）超声测点应布置在回弹测试的同一测区内，每一测区布置 3 个超声测点，超声测试宜采用对测或角测，当被测构件不具备对测或角测条件时，可采用单面平测。

3）测量回弹值应在构件测区内超声法的发射面和接收面各弹击 8 点；超声波单面平测时，应在超声波的发射和接收测点之间弹击 16 点。每一测点的回弹值读数精确至 1。

4）超声测试时，换能器辐射面应通过耦合剂与混凝土测试面良好耦合。

5）声时测量应精确至 0.1μs，超声测距测量应精确至 1.0mm，且测量误差不应超过 ±1%。声速计算应精确至 0.01km/s。

6）超声测线距离与其平行的钢筋不应小于 30mm。

7）结构、构件或关键控制部位的每一测区内，应先进行回弹测试，后进行超声测试。

8）非同一测区内的回弹值及超声声速值，在计算测区混凝土换算强度值时不得混用。

3 回弹法检测混凝土强度时，回弹值测量完毕后，应在有代表性的测区上测量碳化深度值，测点数不应少于构件测区数的 30%，碳化深度值的测量应符合本规程第 9 章相关规定。

条文说明

本条规定了用回弹法和超声回弹综合法现场测量桥梁结构混凝土强度的基本要求：

1 规定了回弹仪测试时的一般规定。每一测区记取 16 个回弹值，不包括弹击隐藏在薄薄一层水泥浆下的气孔或石子上而得到的数值，这两种数值与该测区的正常回弹值偏差很大，很好判断。同一测点只允许弹击一次，若重复弹击则后者回弹值高于前者，这是因为经弹击后该位置较密实，在弹击时吸收的能量较小，从而使回弹值偏高。

2 规定了超声回弹综合法测试时的一般规定。3个超声测点应布置在回弹测试的同一测区内。超声测试应采用对测或角测,当被测构件不具备对测或角测条件时,可采用单面平测法。

使用耦合剂是为了保证换能器辐射面与混凝土测试面完全面接触,排除其间的空气和杂质。同时,每一测点均应使耦合层达到最薄,以保持耦合状态一致,这样才能保证声时测量条件的一致性。

4.4 检测数据处理

4.4.1 回弹法检测混凝土强度宜按下列规定进行:

1 计算测区平均回弹值,从该测区的16个回弹值中,分别剔除3个最大值和3个最小值,将余下的10个回弹值按式(4.4.1-1)计算:

$$R_m = \sum_{i=1}^{10} \frac{R_i}{10} \qquad (4.4.1\text{-}1)$$

式中:R_m——测区平均回弹值,精确至0.1;

R_i——第 i 个测点的回弹值。

2 非水平状态检测混凝土浇筑侧面时,测区的平均回弹值按式(4.4.1-2)进行修正:

$$R_m = R_{m\alpha} + R_{\partial\alpha} \qquad (4.4.1\text{-}2)$$

式中:$R_{m\alpha}$——非水平状态检测时测区的平均回弹值,精确至0.1;

$R_{\partial\alpha}$——非水平状态检测时回弹值修正值,可按表4.4.1-1采用。

表4.4.1-1 非水平状态检测时回弹值修正值

$R_{m\alpha}$	测试角度 α							
	+90°	+60°	+45°	+30°	-30°	-45°	-60°	-90°
	$R_{\partial\alpha}$							
20	-6.0	-5.0	-4.0	-3.0	+2.5	+3.0	+3.5	+4.0
30	-5.0	-4.0	-3.5	-2.5	+2.0	+2.5	+3.0	+3.5
40	-4.0	-3.5	-3.0	-2.0	+1.5	+2.0	+2.5	+3.0
50	-3.5	-3.0	-2.5	-1.5	+1.0	+1.5	+2.0	+2.5
备注	1. 表中修正值可用内插法求得,精确至0.1。 2. $R_{m\alpha}$小于20或大于50时,均分别按20或50查表。 3. +α 表示向上测量,-α 表示向下测量。							

3 检测混凝土浇筑顶面或底面时,按式(4.4.1-3)、式(4.4.1-4)修正:

$$R_m = R_m^t + R_a^t \qquad (4.4.1\text{-}3)$$

$$R_m = R_m^b + R_a^b \qquad (4.4.1\text{-}4)$$

式中:R_m^t、R_m^b——水平方向检测混凝土浇筑顶面、底面时,测区的平均回弹值,精确至0.1;

R_a^t、R_a^b——混凝土浇筑顶面、底面回弹值的修正值,应按表4.4.1-2采用。

表 4.4.1-2 混凝土浇筑顶面、底面回弹值的修正

R_m^t 或 R_m^b	R_a^t 或 R_a^b	
	混凝土浇筑顶面	混凝土浇筑底面
20	+2.5	-3.0
25	+2.0	-2.5
30	+1.5	-2.0
35	+1.0	-1.5
40	+0.5	-1.0
45	0	-0.5
50	0	0
备注	1. 表中修正值可用内插法求得,精确至0.1。 2. R_m^t、R_m^b 小于20或大于50时,均分别按20或50查表。 3. 混凝土浇筑表面为一般原浆抹面。 4. 表列修正值为底面和侧面采用同一类模板在正常浇筑情况下的修正值。	

4 当回弹仪处于非水平方向且测试面为混凝土的非浇筑侧面时,先对回弹值进行角度修正,并对修正后的回弹值进行浇筑面修正。

5 对于非泵送混凝土,测区混凝土强度换算值参考式(4.4.1-5)计算得出。

结构或构件第 i 个测区混凝土强度换算值,按所求得的平均回弹值 R_m 及平均碳化深度值 d_m 由测强曲线计算得出。按专用测强曲线、地区测强曲线、统一测强曲线的次序,选用测强曲线。

统一测强曲线的表达式为:

$$f_{\mathrm{cu},i}^\mathrm{c} = 0.025\,0 \times 10^{-0.035\,8 d_{\mathrm{m}i}} R_{\mathrm{m}i}^{2.010\,8} \quad (4.4.1\text{-}5)$$

式中:$f_{\mathrm{cu},i}^\mathrm{c}$——测区混凝土换算强度值(MPa),精确至0.1MPa;

$R_{\mathrm{m}i}$——测区经修正后的平均回弹值(MPa),精确至0.1MPa;

$d_{\mathrm{m}i}$——测区平均碳化深度(mm),精确至0.5mm。$d_{\mathrm{m}i}$<0.5mm 时,按无碳化处理;$d_{\mathrm{m}i}$≥6mm 时,按 $d_{\mathrm{m}i}$=6mm 计算。

统一测强曲线的平均相对误差 δ 不应超过 ±15.0%,相对标准差 e_r 不应大于18.0%。

地区测强曲线的平均相对误差 δ 不应超过 ±14.0%,相对标准差 e_r 不应大于17.0%。

专用测强曲线的平均相对误差 δ 不应超过 ±12.0%,相对标准差 e_r 不应大于14.0%。

6 对于泵送混凝土,测区混凝土强度换算值可参考式(4.4.1-6)计算得出:

$$f_{\mathrm{cu},i}^\mathrm{c} = 0.034\,488 \times 10^{-0.017\,3 d_{\mathrm{m}i}} R_{\mathrm{m}i}^{1.940\,0} \quad (4.4.1\text{-}6)$$

式中:$f_{\mathrm{cu},i}^\mathrm{c}$——测区混凝土换算强度值(MPa),精确至0.1MPa;

$R_{\mathrm{m}i}$——测区经修正后的平均回弹值(MPa),精确至0.1MPa;

$d_{\mathrm{m}i}$——测区平均碳化深度(mm),精确至0.5mm。$d_{\mathrm{m}i}$<0.5mm 时,按无碳化处理;$d_{\mathrm{m}i}$≥6mm 时,按 $d_{\mathrm{m}i}$=6mm 计算。

条文说明

本条规定了回弹法检测混凝土强度的计算方法。

当检测时回弹仪为非水平方向且测试面为混凝土的非浇筑侧面时,应先对回弹值进行角度修正,然后用上述按角度修正后的回弹值进行浇筑面修正。这种先后修正的顺序不能颠倒,更不允许分别修正后的值直接与原始回弹值相加减。

对于泵送混凝土测强曲线,参照现行《回弹法检测混凝土抗压强度技术规程》(JGJ/T 23)取用。

4.4.2 超声回弹综合法检测桥梁结构混凝土强度:

1 回弹值的计算按本规程第4.4.1条要求进行。

2 超声声速值的计算:

1)当在混凝土浇筑侧面对测时,测区混凝土中声速代表值应根据该测区中3个测点的混凝土声速值,按式(4.4.2-1)计算:

$$v = \frac{1}{3}\sum_{i=1}^{3}\frac{l_i}{t_i - t_0} \qquad (4.4.2\text{-}1)$$

式中:v——测区混凝土中声速代表值(km/s);

l_i——第 i 个测点的超声测距(mm);

t_i——第 i 个测点的声时读数(μs);

t_0——声时初读数(μs)。

2)当在混凝土的浇筑顶面或底面测试时,测区声速代表值应按式(4.4.2-2)修正:

$$v_a = \beta \cdot v \qquad (4.4.2\text{-}2)$$

式中:v_a——修正后的测区混凝土中声速代表值(km/s);

β——超声测试面的声速修正系数。在混凝土浇筑的顶面和底面间对测或斜测时,$\beta=1.034$;在混凝土浇筑的顶面或底面平测时,应按本章超声波平测方法及数据处理中的规定进行修正。

3 超声波平测方法及数据处理:

1)当结构或构件被测部位只有一个表面可供检测时,可采用平测方法测量混凝土中声速,每个测区布置3个测点。

2)布置超声平测点时,宜使发射和接收换能器的连接与附近钢筋轴线成40°~50°,超声测距 l 宜采用350~450mm。

3)宜采用同一构件的对测声速 v_d 与平测声速 v_p 之比求得修正系数 λ($\lambda = v_d/v_p$),对平测声速进行修正。

4)当被测结构或构件不具备对测与平测的对比条件时,宜选取有代表性的部位,以测距 $l=200\text{mm}$、250mm、300mm、350mm、400mm、450mm、500mm,逐点测读相应声时值 t,用回归分析方法求出直线方程 $l = a + bt$。以回归系数 b 代替对测声速 v_d,再按上一款规定对各平测声速进行修正。

5）平测时，修正后的混凝土中声速代表值应按式(4.4.2-3)计算：

$$v_a = \frac{\lambda}{3} \sum_{i=1}^{3} \frac{l_i}{t_i - t_0} \tag{4.4.2-3}$$

式中：v_a——修正后的平测时混凝土中声速代表值(km/s)；

l_i——平测第 i 个测点的超声测距(mm)；

t_i——平测第 i 个测点的声时读数(μs)；

λ——平测声时修正系数。

6）平测声速可采用直线方程 $l = a + bt$，根据混凝土浇筑的顶面或底面平测数据求得，修正后的混凝土中声速代表值应按式(4.4.2-4)计算：

$$v_a = \frac{\lambda\beta}{3} \sum_{i=1}^{3} \frac{l_i}{t_i - t_0} \tag{4.4.2-4}$$

式中：β——超声测试面的声速修正系数，顶面平测 $\beta = 1.05$，底面平测 $\beta = 0.95$。

4 结构混凝土强度的推定：

第 i 个测区的混凝土换算强度值 $f^c_{cu,i}$，应根据修正后的测区回弹值 R_{ai} 和修正后的测区声速值 v_{ai}，优先采用专用或地区测强曲线推定。

当无专用或地区测强曲线时，经验证后可按式(4.4.2-5)、式(4.4.2-6)表示的统一测强曲线进行计算：

1）粗集料为卵石时：

$$f^c_{cu,i} = 0.0056 v_{ai}^{1.439} R_{ai}^{1.769} \tag{4.4.2-5}$$

2）粗集料为碎石时：

$$f^c_{cu,i} = 0.00162 v_{ai}^{1.656} R_{ai}^{1.410} \tag{4.4.2-6}$$

式中：$f^c_{cu,i}$——第 i 个测区换算强度值(MPa)，精确至 0.1MPa；

v_{ai}——第 i 个测区修正后的声速值(km/s)，精确至 0.01km/s；

R_{ai}——第 i 个测区修正后的回弹值(MPa)，精确至 0.1MPa。

粗集料为卵石时，其统一测强曲线的相对标准差为 ±15.6%，平均相对误差为 ±13.2%。

粗集料为碎石时，其统一测强曲线的相对标准差为 ±15.6%，平均相对误差为 ±13.1%。

条文说明

试验表明，由于卵石和碎石的表面状态完全不同，混凝土内部界面的黏结状况也不相同。在相同的配合比时，碎石因表面粗糙，与砂浆界面黏结较好，因而混凝土的强度较高；卵石因表面光滑影响黏结，混凝土强度低。不同石子品种中超声波声速不同，即使是同一石子品种但产地不同声速也会有差别。许多科研单位进行了大量的试验，结果表明当石子品种不同时，应分别建立测强曲线。

超声测试平测时两个换能器的连线应与附近钢筋的轴线保持 40°~50° 夹角，以避免钢筋的影响。大量实践证明,平测时测距宜采用 350~450mm,以使接收信号首波清晰易辨认。

4.4.3 结构、构件或关键控制部位的测区混凝土换算强度平均值,可根据各测区的混凝土强度换算值计算。当测区数为 10 个及 10 个以上时,应计算强度标准差。平均值及标准差应按式(4.4.3-1)、式(4.4.3-2)计算:

$$m_{f_{cu}^c} = \frac{1}{n}\sum_{i=1}^{m} f_{cu,i}^c \qquad (4.4.3\text{-}1)$$

$$S_{f_{cu}^c} = \sqrt{\frac{\sum_{i=1}^{n}(f_{cu,i}^c)^2 - n(m_{f_{cu}^c})^2}{n-1}} \qquad (4.4.3\text{-}2)$$

式中:$m_{f_{cu}^c}$——结构或构件测区混凝土强度换算值的平均值(MPa),精确至 0.1MPa;

$f_{cu,i}^c$——第 i 个测区混凝土换算强度值(MPa),精确至 0.1MPa;

n——结构、构件或关键控制部位的测区数;

$S_{f_{cu}^c}$——测区混凝土换算强度值的标准差(MPa),精确至 0.01MPa。

条文说明

计算标准差时,强度平均值应精确到 0.01MPa,否则会因二次数据修约而增大计算误差。

4.4.4 混凝土强度推定值 $f_{cu,e}$ 应按式(4.4.4-1)~式(4.4.4-3)确定:

1 当测区数少于 10 个时:

$$f_{cu,e} = f_{cu,min}^c \qquad (4.4.4\text{-}1)$$

式中:$f_{cu,min}^c$——结构、构件或关键控制部位最小的测区混凝土换算强度值(MPa),精确至 0.1MPa。

2 当测区强度值中出现小于 10.0MPa 时:

$$f_{cu,e} < 10.0\text{MPa} \qquad (4.4.4\text{-}2)$$

3 当测区数不少于 10 个时:

$$f_{cu,e} = m_{f_{cu}^c} - 1.645 S_{f_{cu}^c} \qquad (4.4.4\text{-}3)$$

条文说明

对于回弹法检测混凝土强度,当测区数≥10 个时,为了确保构件的混凝土强度满足 95% 的保证率,采用数理统计的公式计算强度推定值;当构件测区数 <10 个时,因样本数太少,取最小值作为强度推定值。此外,当构件出现 $f_{cu}^c <10.0$MPa 或 $f_{cu}^c >60.0$MPa 时,因无法计算平均值和标准差,也只能以最小值作为该强度推定值。

对于超声回弹综合法检测混凝土强度,如测区换算值小于 10.0MPa 或大于 70.0MPa,因超出了强度换算方法的适用范围,故该测区的混凝土抗压强度应表述为"<10.0MPa"

或">70.0MPa"。如构件测区中有小于10.0MPa的测区,因不能计算构件混凝土的强度标准差,则该构件混凝土的推定强度应表述为"<10.0MPa";如构件测区中有大于70.0MPa的测区,也不能计算构件混凝土的强度标准差,此时,构件混凝土抗压强度的推定值取该构件各测区中最小的测区混凝土抗压强度换算值。

4.4.5 回弹法检测混凝土强度时,对批量检测的构件,当该批构件混凝土强度标准差出现下列情况之一时,该批构件应全部按单个构件检测:

1 该批构件混凝土强度平均值 $m_{f_{cu}^c} < 25.0$ MPa,标准差 $S_{f_{cu}^c} > 4.50$ MPa;
2 该批构件混凝土强度平均值 25.0 MPa $\leqslant m_{f_{cu}^c} \leqslant 60.0$ MPa,标准差 $S_{f_{cu}^c} > 5.50$ MPa。

条文说明

当测区间的标准差过大时,说明已有某些系统误差因素起作用,例如构件不是同一强度等级、龄期差异较大、不属于同一母体等,因此不能按批进行推定。

4.4.6 超声回弹综合法检测混凝土强度时,对批量检测的构件,当该批构件的测区混凝土抗压强度标准差出现下列情况之一时,该批构件应全部重新按单个构件进行检测:

1 该批构件的混凝土抗压强度平均值 $m_{f_{cu}^c} < 25.0$ MPa,标准差 $S_{f_{cu}^c} > 4.50$ MPa;
2 该批构件的混凝土抗压强度平均值 25.0 MPa $\leqslant m_{f_{cu}^c} \leqslant 50.0$ MPa,标准差 $S_{f_{cu}^c} > 5.50$ MPa;
3 该批构件的混凝土抗压强度平均值 $m_{f_{cu}^c} > 50.0$ MPa,标准差 $S_{f_{cu}^c} > 6.50$ MPa。

条文说明

本条参照现行《超声回弹综合法检测混凝土强度技术规程》(CECS 02)。对按批量检测的构件,如该批构件的混凝土质量不均匀,测区混凝土强度标准差大于规定的范围,则该批构件应全部按单个构件进行强度推定。

4.4.7 混凝土强度换算值,一般可采用下列三类测强曲线计算:

1 统一测强曲线:由全国有代表性的材料、成型养护工艺配制的混凝土试件,通过试验所建立的曲线。
2 地区测强曲线:由本地区常用的材料、成型养护工艺配制的混凝土试件,通过试验所建立的曲线。
3 专用测强曲线:由结构或构件混凝土相同的材料、成型养护工艺配制的混凝土试件,通过试验所建立的曲线。

条文说明

我国地域辽阔,气候差别很大,混凝土材料种类繁多,工程分散,施工和管理水平参差不齐。在全国工程中检测混凝土强度,除应统一仪器标准、统一测试技术、统一数据处理、统一强度推定方法外,尚应尽力提高检测曲线的精度,发挥各地区的技术作用。各地区除使用统一测强曲线外,也可以根据各地的气候和原材料特点,因地制宜地制定和采用专用测强曲线和地区测强曲线。

4.4.8 检测时,应按专用测强曲线、地区测强曲线、统一测强曲线的次序,选用测强曲线。使用地区或专用测强曲线时,被检测的混凝土应与制定该类测强曲线混凝土的适应条件相同,不得超出该类测强曲线的适用范围,并应每半年抽取一定数量的同条件试件进行校核,当存在显著差异时,应查找原因,不得继续使用。

条文说明

对于有条件的地区如能建立本地区的测强曲线或专用测强曲线,则可以提高该地区的检测精度。地区和专用测强曲线须经地方建设行政主管部门组织审查和批准,方能实施。各地可以根据专用测强曲线、地区测强曲线、统一测强曲线的次序选用。

地区和专用测强曲线使用中应注意其适用范围,只能在制定曲线时的试件条件范围内,例如龄期、原材料、外加剂、强度区间等,不允许超出该适用范围。这些测强曲线均为经验公式制定,绝不能根据测强公式任意外推,以免得出错误的计算结果。此外,应经常抽取一定数量的同条件试块进行校核,如发现误差较大时,应停止使用并应及时查找原因。

4.4.9 符合下列条件的非泵送混凝土,测区强度可按统一测强曲线进行换算:
1 混凝土采用的水泥、砂石、外加剂、掺合料、拌和用水符合国家现行有关标准。
2 采用普通成型工艺。
3 采用符合国家标准规定的模板。
4 自然养护或蒸汽养护出池经自然养护7d以上,且混凝土表层为干燥状态。
5 自然养护且龄期为14～1 000d(回弹法)、7～2 000d(超声回弹综合法)。
6 抗压强度范围:回弹法为10.0～60.0MPa,超声回弹综合法为10.0～70.0MPa。

4.4.10 符合下列条件的泵送混凝土,测区强度可按统一测强曲线进行换算:
1 混凝土采用的水泥、砂石、外加剂、掺合料、拌和用水符合国家现行有关标准。
2 采用普通成型工艺。
3 采用符合国家标准规定的模板。
4 蒸汽养护出池经自然养护7d以上,且混凝土表层为干燥状态。
5 自然养护且龄期为14～1 000d(回弹法)、7～2 000d(超声回弹综合法)。
6 抗压强度范围:回弹法为10.0～60.0MPa,超声回弹综合法为10.0～70.0MPa。
7 按泵送混凝土配合比拌制的混凝土拌合物坍落度大于100mm的混凝土。

4.4.11 当有下列情况之一时,测区混凝土强度值不得使用统一测强曲线换算:

1 非泵送混凝土粗集料最大公称粒径大于60mm,泵送混凝土粗集料最大公称粒径大于31.5mm。

2 特种成型工艺制作的混凝土。

3 检测部位曲率半径小于250mm。

4 潮湿或浸水混凝土。

条文说明

粗集料最大粒径大于60mm时已超出试验时试块及试件粗集料的最大粒径,泵送混凝土粗集料最大公称粒径大于31.5mm时已不能满足泵送的要求;构件生产中采用特殊成型工艺的混凝土,超出了该测强曲线的适用范围;对于在非平面的构件上测得的回弹值与在平面上测得的回弹值关系,国内目前尚无试验资料,现参照国外资料,规定凡测试部位的曲率半径小于250mm的构件一律不能采用该测强曲线;混凝土表面湿度对回弹法测强影响很大,应等待混凝土表面干燥后再进行检测。

4.4.12 混凝土强度对比法修正:

1 当采用回弹法检测桥梁结构或构件混凝土强度时,若检测条件与测强曲线的运用条件有较大差异,可按下列要求进行:

1)采用回弹-取芯综合法检测其混凝土强度。

2)当结构或构件因构造等原因无法采用回弹-取芯综合法检测其混凝土强度,宜用龄期修正系数对回弹法得到的测区混凝土强度换算值进行修正,龄期修正系数应符合下列条件:

——龄期已超过1000d,但处于干燥状态的普通混凝土;

——混凝土外观质量正常,未受环境介质作用的侵蚀;

——经超声波或其他探测法检测结果表明,混凝土内部无明显的不密实区和蜂窝状局部缺陷;

——混凝土抗压强度等级在C20级~C50级,且实测的碳化深度已大于6mm。

3)测区混凝土抗压强度换算值可乘以表4.4.12的修正系数α_n予以修正。

表4.4.12 测区混凝土抗压强度换算值龄期修正系数

龄期(d)	1 000	2 000	4 000	6 000	8 000	10 000	15 000	20 000	30 000
修正系数α_n	1.00	0.98	0.96	0.94	0.93	0.92	0.89	0.86	0.82

2 当采用超声回弹综合法检测桥梁结构或构件混凝土强度时,若检测条件与测强曲线的运用条件有较大差异,可采用超声回弹综合法结合取芯检测桥梁结构混凝土强度。

3 回弹-取芯综合法检测混凝土强度、超声回弹综合法结合取芯检测桥梁结构混凝土强度的方法详见本规程附录B、附录C。

条文说明

当检测条件与测强曲线的使用条件有较大差异时,例如龄期、成型工艺、养护条件等有差异时,可以采用钻取混凝土芯样或同条件试块进行修正。

混凝土龄期已超过1 000d,且由于结构构造等原因无法采用取芯法对回弹检测结果进行修正,同时满足本条规定时,混凝土抗压强度换算值可乘以表4.4.12的修正系数 α_n 予以修正。

5 钢筋保护层检测

5.1 一般规定

5.1.1 检测前应收集桥梁检测部位结构设计图纸、设计变更图纸等,确定检测区域内钢筋可能分布的状况,选择适当的检测面。

5.1.2 检测面应清洁平整,并应避开金属预埋件,当混凝土结构表面有涂装层时应对检测结果进行修正。

5.2 检测方法选择

5.2.1 钢筋保护层厚度检测宜采用电磁感应法。

5.2.2 当出现下列情况时,不宜采用电磁感应法:
1 钢筋净间距与保护层厚度之比小于2:1或钢筋净间距小于5cm。
2 混凝土中钢筋锈蚀严重。
3 混凝土中含有铁磁性物质。

条文说明
大量试验证明,性能好的钢筋探测仪在钢筋净间距与保护层厚度比小于2:1时或钢筋净间距小于5cm时,探测的钢筋保护层厚度值与真值偏差较大;混凝土中钢筋锈蚀严重时,铁锈会影响电磁感应法的测试精度;混凝土中铁磁性物质,如钢纤维、埋设铁件、金属管等,对电磁感应法测试结果有较大影响。

5.3 检测要求

5.3.1 钢筋探测仪性能应满足下列要求:
1 仪器使用环境温度应为-10~40℃。
2 当采用保护层厚度为10~50mm的校准试件进行校准时,钢筋探测仪的保护层厚度检测允许误差为±1mm,钢筋位置的允许误差为±3mm,钢筋直径的允许误差为±1mm。

5.3.2 检测前应对钢筋探测仪进行预热和核查,核查时传感器应远离金属物体,核查方法应按本规程附录 D 的规定执行。

5.3.3 钢筋保护层厚度检测测区布置应符合下列规定：

　　1 测区宜布置在主要承重构件或承重构件的主要受力部位、锈蚀电位测试结果表明钢筋存在锈蚀可能的部位,以及其他需要检测的部位。

　　2 按单个构件检测时,应根据尺寸大小,在构件上均匀布置测区,每个构件上的测区数不应少于 3 个,每个测区不少于 3 根钢筋,每根钢筋不少于 3 个测点,且每一测区不少于 10 个测点。测区应均匀分布,相邻两测区的间距不宜小于 1m;测区应注明编号,并记录测区位置和外观情况。

　　3 对某一类构件的检测,可采取抽样的方法,抽样数不少于同类构件数的 30%,且不少于 3 件,每个构件测区布置按单个构件要求进行。

5.3.4 钢筋保护层厚度现场检测应按下列步骤进行：

　　1 检测前应查阅设计资料,明确钢筋的种类和直径;对于缺失资料的桥梁,应事先估测钢筋直径。

　　2 将钢筋探测仪传感器在构件表面平行移动,当仪器显示值最小时,传感器正下方确定为所测钢筋的位置。

　　3 找到钢筋位置后,将传感器在原处左右转动一定角度,仪器显示最小值时传感器长轴线的方向即为钢筋的走向;根据钢筋走向画出钢筋网格。

　　4 将传感器置于钢筋所在位置正上方,传感器应避开钢筋接头和钢筋网格交叉点,并左右稍稍移动,读取仪器显示最小值作为该处保护层厚度。

　　5 读取第 1 次检测的钢筋保护层厚度检测值,在同一位置重复检测 1 次,读取第 2 次检测的钢筋保护层厚度检测值。两次读取的钢筋保护层厚度检测值相差不应大于 2mm,否则该组数据无效,应查明原因后重新检测。

　　6 取两次平均值,准确至 1mm,作为该测点的钢筋保护层厚度检测值。

5.3.5 钢筋直径检测应按下列步骤进行：

　　1 按本规程第 5.3.4 条有关要求确定钢筋位置,选择测点位置,测点应避开钢筋接头及钢筋网格交叉点,测点数不少于 3 个。

　　2 每个测点重复检测 2 次,第 2 次检测时探头应旋转 180°,每次读数必须一致,精确至 1mm。

　　3 记录测点位置及测值,用 3 个测点测值的平均值估计钢筋公称直径。

5.4 检测数据处理

5.4.1 钢筋保护层厚度数据处理应按下列规定进行：

1 测点钢筋保护层厚度平均检测值应按式(5.4.1-1)计算：

$$D_{ni} = \frac{(D_1 + D_2 + 2D_D - 2D_0)}{2} \quad (5.4.1\text{-}1)$$

式中：D_{ni}——第 i 测点钢筋保护层厚度平均检测值(mm)，精确至1mm；

D_1、D_2——第1、2次检测的钢筋保护层厚度检测值(mm)，精确至1mm；

D_D——钢筋保护层厚度修正值(mm)，为同一规格钢筋的钢筋保护层厚度实测验证值减去检测值，精确至0.1mm；

D_0——探头垫块厚度(mm)，精确至0.1mm；不加垫块时该值取0。

2 根据某一测量部位各测点混凝土厚度实测值，按式(5.4.1-2)计算钢筋保护层厚度平均值 $\overline{D}_n$：

$$\overline{D}_n = \frac{\sum_{i=1}^{n} D_{ni}}{n} \quad (5.4.1\text{-}2)$$

式中：$\overline{D}_n$——测量部位钢筋保护层厚度平均值(mm)，精确至0.1mm；

D_{ni}——结构或构件测量部位测点钢筋保护层厚度(mm)，精确至1mm；

n——测点数。

5.4.2 钢筋保护层厚度数据修正：

1 遇到下列情况之一时，应对测试结果进行修正或验证：

1）认为相邻钢筋对检测结果有影响；

2）钢筋公称直径未知或有异议；

3）钢筋实测根数、位置、厚度与设计有较大偏差；

4）同一根钢筋不同测点实测保护层厚度值偏差较大(大于3mm)。

2 当实测钢筋保护层厚度不大于10mm时，应在探头下附加标准垫块重新进行检测，钢筋保护层厚度为仪器示值减去标准垫块厚度。标准垫块用硬质无磁性材料制成，平面尺寸应略大于钢筋探测仪传感器底面尺寸，厚度 S_b 为10~20mm，其各个方向厚度值偏差不应大于0.1mm。

3 用标准垫块对保护层厚度进行综合修正：

1）将传感器直接置于混凝土表面已标好的钢筋位置正上方，读取测量值 S_{i1}；

2）将标准垫块置于传感器原在混凝土表面位置，并将传感器放于标准垫块之上，读取测量值 S_{i2}，则修正系数 K_i 为：

$$K_i = \frac{S_{i2} - S_{i1}}{S_b} \quad (5.4.2\text{-}1)$$

式中：K_i——钢筋保护层厚度修正系数，保留至两位小数；

S_{i1}——标准垫块放置前钢筋保护层厚度检测值(mm)，精确至1mm；

S_{i2}——标准垫块放置后钢筋保护层厚度检测值(mm)，精确至1mm；

S_b——标准垫块厚度值(mm)，精确至0.1mm。

3）每测区应对不少于3个测点进行修正，最终测区测点修正系数的取值为各测点修正系数的算术平均值,并修约至一位小数。

4 用校准孔进行综合修正:

1)用6mm钻头在测点钢筋位置正上方,垂直于构件表面打孔,手感碰到钢筋立即停止,用深度卡尺量测钻孔深度,即为实际的保护层厚度S_r,精确至0.1mm,则修正系数为:

$$K_i = \frac{S_i}{S_r} \tag{5.4.2-2}$$

式中:K_i——钢筋保护层厚度修正系数,保留至两位小数;

S_i——钻孔前验证测点位置钢筋保护层厚度检测值(mm),精确至1mm;

S_r——钻孔后验证测点位置深度卡尺量测钢筋保护层厚度值(mm),精确至0.1mm。

2)每测区应对不少于两根钢筋进行钻孔校准,最终测区测点修正系数的取值为各测点修正系数的算术平均值,并保留至一位小数。

6 钢筋锈蚀电位检测

6.1 一般规定

6.1.1 锈蚀电位检测可用于推定混凝土构件中钢筋发生锈蚀的可能性,但不适用于采用涂层钢筋的混凝土构件以及已饱水和接近饱水混凝土构件的检测。

6.1.2 混凝土检测面应平整、清洁,并应去除涂层、浮浆等。

6.2 检测方法选择

6.2.1 钢筋锈蚀电位检测宜采用半电池电位法。

6.2.2 半电池电位法采用的参考电极宜为铜-硫酸铜半电池,如图6.2.2所示。

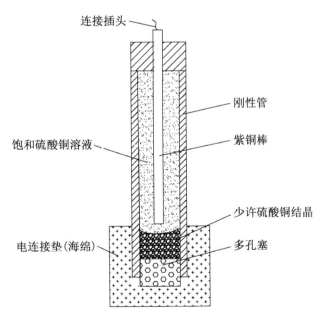

图 6.2.2 铜-硫酸铜半电池(探头)剖面

6.3 检测要求

6.3.1 钢筋锈蚀电位检测的仪器设备主要包括钢筋锈蚀检测仪和钢筋探测仪。

6.3.2 钢筋锈蚀检测仪由铜-硫酸铜半电池、电压仪和导线构成,并应符合下列规定:

1 铜-硫酸铜半电池中的饱和硫酸铜溶液应处于饱和状态,溶液应清澈且充满电极。

2 电压仪应具有采集、显示和存储数据的功能,满量程不宜小于1 000mV;准确度优于0.5%F.S.±1mV;输入阻抗大于$10^{10}\Omega$;仪器使用环境条件应满足:温度0~40℃,相对湿度≤95%。

3 导线应为铜质导线,总长度不宜超过150m、截面面积宜大于0.75mm²,在使用长度内因电阻干扰所产生的测试回路电压降不应大于0.1mV。

条文说明

硫酸铜溶液饱和状态即刚性管底部宜积有少量未溶解的硫酸铜晶体。

6.3.3 钢筋锈蚀电位检测测区布置原则:

1 测区宜布置在主要承重构件或承重构件的主要受力部位,或根据一般检查结果有迹象表明钢筋可能存在锈蚀的部位。

2 在桥梁混凝土结构或构件上可布置若干个测区。当构件处于不利环境条件或出现质量缺损时,应根据构件的环境差异及外观检查的结果来确定具有代表性的测区,但测区不应有明显的锈蚀胀裂、脱空或层离现象。

3 在测区上布置测试网格,网格节点为测点,网格间距应根据构件尺寸设定,可采用200mm×100mm、200mm×200mm、300mm×300mm等规格。当一个测区内存在相邻测点的读数超过150mV时,应适当减小测点间距。

4 测点位置距构件边缘应大于5cm,每个测区测点数量不宜少于20个。

6.3.4 仪器与钢筋的连接应按下列步骤进行:

1 采用钢筋探测仪检测钢筋的分布情况,在适当位置剔凿出钢筋。

2 电压仪的正输入端应与铜/硫酸铜电极连接,负输入端应与钢筋连接。

3 仪器连接前,应对连接处的钢筋表面进行除锈或清除污物,并检查测区内的钢筋(钢筋网)与连接点的钢筋是否形成电通路。

4 测量前应预先将电极前端多孔塞充分浸湿,以保证良好的导电性,测读前应再次用喷雾器将混凝土表面润湿,不应留有自由表面水。

5 连接方法应符合图6.3.4的规定。

6.3.5 钢筋锈蚀检测系统稳定性应符合下列要求:

1 测点读数应稳定,电位读数变动不超过2mV。

2 在同一测点,用相同半电池重复2次测得该点的电位差值应小于10mV。

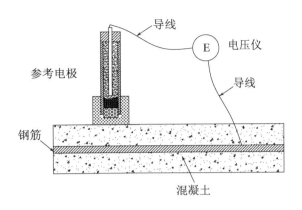

图 6.3.4 钢筋锈蚀检测系统连接方法

6.3.6 钢筋锈蚀电位现场检测应按下列步骤进行：

1 测量并记录环境温度。

2 按测区编号,将半电池依次放在各电位测点上,检测并记录各测点的电位值。

3 检测时,应及时清除电连接垫表面的吸附物,使半电池多孔塞与混凝土表面形成电通路。

4 在水平方向和垂直方向上检测时,应保证半电池刚性管中的饱和硫酸铜溶液与多孔塞和铜棒始终完全接触。

5 检测时应避免外界各种因素产生的电流影响。

6 应及时完整规范地填写检测记录表,钢筋锈蚀电位现场检测记录表见本规程附录 E。

6.4 检测数据处理

6.4.1 环境温度在 22℃ ±5℃ 范围之外,应对铜/硫酸铜电极做温度修正。

当 $T \geq 27℃$ 时：

$$V = 0.9 \times (T - 27.0) + V_R \qquad (6.4.1\text{-}1)$$

当 $T \leq 17℃$ 时：

$$V = 0.9 \times (T - 17.0) + V_R \qquad (6.4.1\text{-}2)$$

式中：V——温度修正后电位值(mV),精确至1mV;

V_R——温度修正前电位值(mV),精确至1mV;

T——检测环境温度(℃),精确至1℃;

0.9 为修正系数。

6.4.2 应根据钢筋锈蚀电位检测结果绘制电位等值线图反映钢筋锈蚀活化程度及分布;电位等值线的最大间隔不宜大于 100mV。

条文说明

采用电位等值线图可以较直观地反映不同锈蚀状况的钢筋分布情况。宜按合适比例在结构及构件图上标出各测点的半电池电位值,可通过数值相等的各点或内插等值的各点绘出电位等值线。

6.4.3 钢筋锈蚀电位测量结果应取测区锈蚀电位水平最低值,精确至10mV。

7 混凝土电阻率检测

7.1 一般规定

7.1.1 混凝土电阻率检测可用于自然状态下结构或构件的检测,但不适用于已饱水和接近饱水的混凝土构件。

7.1.2 混凝土检测面应清洁、平整,测点处应用清水湿润。

7.2 检测方法选择

7.2.1 混凝土电阻率检测宜采用四电极法。

7.2.2 四电极法测量混凝土电阻率测试系统连接方法如图 7.2.2 所示。

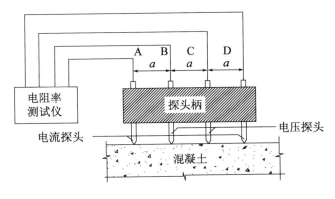

图 7.2.2 混凝土电阻率测试系统连接方法

条文说明

四电极法测量混凝土电阻率通过内侧 BC 两电极间连接测电压 V,外侧 AD 两电极间连接测电流 I,由欧姆定律得到 BC 段的电阻值为 $R=\dfrac{V}{I}$;由 BC 段距离 L 和极板与混凝土接触面积 A,计算混凝土材料的电阻率值为 $\rho=R\dfrac{A}{L}$。

7.3 检测要求

7.3.1 混凝土电阻率检测的仪器设备主要为混凝土电阻率测试仪。

7.3.2 混凝土电阻率测试仪由四电极探头与电阻率仪表组成,并应符合下列规定:
1 每两探头间距为50mm,探头端部应配有泡沫垫层;电压电极间的输入阻抗＞1MΩ;测量范围为0～99kΩ·cm;分辨率为0.1kΩ·cm;准确度为±1kΩ·cm。
2 使用前后均应在电阻率标准板上进行核查,核查结果应满足精度要求。
3 仪器使用环境条件应满足:温度0～40℃,相对湿度≤85%。

7.3.3 混凝土电阻率检测测区布置原则:
1 测区宜布置在主要承重构件或承重构件的主要受力部位,或对钢筋锈蚀电位按现行《公路桥梁承载能力检测评定规程》(JTG/T J21)评定为3、4、5的主要构件或主要受力部位。
2 被测构件或部位的测区数量同钢筋锈蚀电位检测。
3 测区内测点布置可参照钢筋锈蚀电位测量的要求,在电位测量区域内进行,测点数量不宜少于12个。
4 对于因受不利因素影响的桥梁结构,混凝土电阻率测区的布置应根据构件的环境差异及外观的检查结果来确定,测区应能代表不同环境条件和不同的受损结构外观表征。

7.3.4 混凝土电阻率现场检测应按下列步骤进行:
1 测量前应在电极前端涂上耦合剂,且测点之间耦合剂不得相通。
2 测量时探头应垂直置于混凝土表面,并施加适当的压力。
3 应及时完整规范地填写检测记录表,混凝土电阻率现场检测记录表见本规程附录F。

7.4 检测数据处理

7.4.1 混凝土电阻率取测区电阻率测量的最小值,最小值按式(7.4.1)计算:

$$\rho_{min} = \min\{\rho_i\} \qquad (7.4.1)$$

式中:ρ_i——测点混凝土电阻率实测值(kΩ·cm);

ρ_{min}——混凝土电阻率最小值(kΩ·cm)。

7.4.2 应按照测区混凝土电阻率最小值来判定混凝土电阻率对钢筋锈蚀的影响速率,并绘出电阻率等值线图,等值线差值的最大间隔宜为5kΩ·cm。

8 混凝土氯离子含量检测

8.1 一般规定

8.1.1 混凝土氯离子含量检测可用于桥梁硬化混凝土结构中水溶性和酸溶性氯离子含量的检测。

8.1.2 混凝土氯离子含量检测时,不得采用将混凝土中各原材料的氯离子含量求和的方法进行替代。

条文说明

混凝土各原材料中所含氯离子大多数为游离态的氯离子,硬化混凝土中所含氯离子除部分游离态的氯离子以外,还存在着与水泥水化物结合的氯离子。因此硬化混凝土的氯离子含量与原材料中的氯离子含量测试结果存在一定差异,故规定在执行本规程进行氯离子含量检测和评定时,不得采用将混凝土中各原材料的氯离子含量相加求和的方法进行替代。

8.1.3 混凝土氯离子含量检测前,应了解桥梁混凝土结构或构件所处的环境条件及其本身的质量状况,收集桥梁混凝土结构或构件的混凝土配合比及施工和养护条件等资料。

8.2 检测方法选择

8.2.1 桥梁硬化混凝土结构的氯离子含量检测宜采用电位滴定法测定。

条文说明

混凝土中氯离子含量检测方法主要有下列三种:以铬酸钾为指示剂的硝酸银滴定法、以硫氰酸钾为指示剂的硝酸银滴定法和硝酸银电位滴定法。对三种方法的测试比较发现,两种采用指示剂的滴定方法存在溶液颜色及滴定终点判定受人为影响较大等缺陷。而硝酸银电位滴定法通过电势的变化来判定滴定终点比较明显,滴定结果更准确。

8.2.2 条件允许的情况下,水溶性氯离子含量的检测也可采用混凝土氯离子快速测定仪法。

8.3 检测要求

8.3.1 混凝土氯离子含量检测测区布置原则：

1 氯离子含量测定应根据构件的工作环境条件及构件本身的质量状况确定测区，测区应选择能代表不同工作条件及不同混凝土质量的部位，测区宜参考钢筋锈蚀电位测量结果确定。钢筋锈蚀电位按现行《公路桥梁承载能力检测评定规程》(JTG/T J21)评定为3、4、5的主要构件或主要受力部位，以及受氯离子侵蚀影响较大的主要结构部件，应进行混凝土氯离子含量的测定。

2 当结构混凝土所处环境条件为严寒地区大气环境、使用除冰盐环境、滨海环境时，应结合外观质量检查状况和钢筋锈蚀电位水平确定检测部位。当结构混凝土所处环境为海水环境时，浪溅区和水位变动区应选为测区。

3 每一被测构件测区数量不宜少于3个，测区应进行编号，注明位置，并描述外观情况。

8.3.2 混凝土氯离子含量检测现场取样应按下列步骤进行：

1 取样前应先利用钢筋探测仪确定主筋位置，再使用直径不小于20mm的冲击钻在主筋附近混凝土表面钻孔。

2 钻孔位置应避开主筋，并在钢筋保护层内距主筋表面20mm的位置开始取样。取样时应注明并记录取样位置、测区、测孔编号及取样深度。

3 当需要了解构件混凝土氯离子含量的深度分布线时，应现场按混凝土不同深度取样，结果应能反映氯离子在混凝土中随深度的分布情况。

4 同一测区不同孔的粉末可收集在一起，应不少于25g，若数量不足应在同一测区增加钻孔数量。

5 采集混凝土粉末样品后，应立即将样品封存、标识，避免受潮和混淆。

条文说明

氯离子是极强的去钝化剂，当其进入混凝土到达主筋表面吸附于钝化膜处时，可使钢筋表面pH值降低到4以下，从而破坏主筋表面的钝化膜，实际工程中主要关心混凝土结构主筋表面的氯离子水平，因此选择设计主筋位置表层前20mm位置开始取样。由于施工水平导致的钢筋保护层厚度的偏差在钢筋保护层厚度检测指标中进行评定，本方法选择设计钢筋保护层厚度，保证了取样深度的一致性。

8.3.3 混凝土氯离子含量检测的试验室测试应按本规程附录G执行。

8.4 检测数据处理

8.4.1 混凝土氯离子含量数据处理宜符合下列规定：

1 硬化混凝土中氯离子含量在已知混凝土配合比的情况下,按式(8.4.1-1)计算氯离子占胶凝材料用量的百分比,精确至0.001%:

$$W_{cl^-}^A = \frac{C_{AgNO_3} \times (V_1 - V_2) \times 0.03545 \times W_B \times 5}{G \times W_S} \times 100 \qquad (8.4.1\text{-}1)$$

式中:$W_{cl^-}^A$——硬化混凝土中氯离子含量占胶凝材料用量的百分比(%);

C_{AgNO_3}——硝酸银标准溶液的浓度(mol/L);

V_1——达到化学计量点时所消耗硝酸银标准溶液的体积(mL);

V_2——空白试验达到化学计量点时所消耗硝酸银标准溶液的体积(mL);

W_B——混凝土配合比中每立方米混凝土的质量(kg);

G——试验所取粉末的质量(g);

W_S——混凝土配合比中,每立方米混凝土的胶凝材料用量(kg)。

2 硬化混凝土中氯离子含量在未知混凝土配合比的情况下,按式(8.4.1-2)计算氯离子占混凝土质量的百分比,精确至0.001%:

$$W_{cl^-}^B = \frac{C_{AgNO_3} \times (V_1 - V_2) \times 0.03545 \times 5}{G} \times 100 \qquad (8.4.1\text{-}2)$$

式中:$W_{cl^-}^B$——硬化混凝土中氯离子含量占混凝土质量的百分比(%)。

8.4.2 同一试样平行试验两次,取其平均值作为试验结果。两次试验结果的差值应不大于平均值的0.04%。

8.4.3 混凝土中氯离子含量检测的重复性应不大于0.04%。

8.4.4 当对检测结果存在争议时,应以酸溶性氯离子含量作为最终结果进行评定。

9 混凝土碳化状况检测

9.1 一般规定

9.1.1 碳化状况检测前宜收集桥梁结构基本信息、混凝土配合比、浇筑时间及浇筑方式、添加剂、混凝土涂层状况以及环境温度、湿度等主要技术资料。

9.1.2 混凝土强度采用回弹法进行测试时应进行碳化深度测试;桥梁构件进行耐久性、承载能力评定以及损伤程度评定时,宜进行碳化状况测试。

9.2 检测方法选择

9.2.1 桥梁混凝土结构碳化状况检测宜采用酚酞试液测试法,酚酞酒精溶液的浓度宜为1%~2%。

条文说明

混凝土碳化深度测试的方法有:酸碱指示剂呈色法(酚酞试液测试法、彩虹指示剂法、茜素黄R试剂法)、热分析法、X射线物相分析法、红外光谱法、岩相分析法等。其中酚酞试液测试法为桥梁混凝土结构碳化状况检测的推荐方法。

目前国内标准中对于酚酞酒精溶液浓度规定有1%和1%~2%两种,英国标准中规定浓度为1%,规定的酚酞酒精溶液浓度存在一定差异,为了验证不同浓度的酚酞酒精溶液对混凝土构件的碳化深度的影响,标准编制组采用1%和2%浓度的酚酞酒精溶液对实桥混凝土构件进行了多次试验比对,检测结果表明1%的酚酞酒精溶液和2%的酚酞酒精溶液对检测结果的影响不大,因此本规程规定采用1%~2%浓度的酚酞酒精溶液。

9.2.2 采用酚酞试液测试混凝土碳化状况,若测试界面变色缓慢、变色边界出现四散或散开等情况不能给出精确结果时,应采用其他检测方法进行验证。

条文说明

酚酞试液测试法不适用于采用铝酸钙水泥混凝土的碳化检测。在测试桥梁构件混凝土中含有或采用疏水性材料如硅烷、硅氧烷、聚合物添加剂或抗水性掺合料时,这些材料会抑制混凝土未碳化区的变色。在这种条件下会延迟几分钟变色,而且颜色同普通混凝土的颜色相比也不完整,使测试结果出现异常。酚酞试液检测出现部分碳化区影响测试精度时可以采用岩相分析法检测,岩相分析法对检测人员的技术和经验要求较高,本规程对岩相分析法检测不做说明。

9.3 检测要求

9.3.1 桥梁构件混凝土强度采用回弹法进行测试时,碳化测区的布设应符合下列规定:

1 混凝土碳化测区的布设应符合本规程第 4 章混凝土强度检测的有关规定。

2 在混凝土强度检测的测区中选择有代表性且不少于强度测区数 30% 进行碳化深度检测,每个碳化测区布设 3 个碳化测孔,在测区中按品字形布设,间距不小于 2 倍孔径,应取其平均值作为该构件每个测区的碳化深度值。

3 当测区碳化深度值极差大于 2.0mm 时,应在每一测区分别测量碳化深度值。

9.3.2 桥梁构件进行材质状况检测及耐久性和承载能力评定时,测试构件测区的布设应符合下列规定:

1 采用预制施工的桥梁上部结构构件按桥跨数量的 30% 抽检,且不少于 1 跨,每跨抽检构件数量为 30%,测试构件测区数量不少于 3 个。

2 采用整体现浇的桥梁上部结构构件按桥跨的 30% 抽检,且不少于 1 跨,测试构件测区数量不少于 3 个。

3 桥梁下部结构墩、台及基础构件抽检数量不少于 30%,测试构件测区数量不少于 3 个,对于多次浇筑的大体积构件,构件测区宜在不同浇筑部位布设测区,测试部位测区数量不少于 3 个。

4 每个构件或构件的不同测试部位布设测区数量不少于 3 个,当测区混凝土碳化深度测试极差大于 2.0mm 时,应根据检测情况增加测区数量。

5 碳化状况检测用于火灾损伤、环境损伤和偶然损伤等损伤评定时,应根据表面损伤状况进行分类,将表面损伤状况相近的构件作为一个损伤类别,每个损伤类别布置不少于 6 个测区,布设在有代表性的位置。

6 测区测点数量为 3 个,按品字形布设,间距不小于 2 倍孔径。

9.3.3 桥梁结构或构件检测部位选择:

1 板式构件或板拱结构宜选择板梁、板拱的底面或侧面进行测试。

2 肋式梁桥(T 形梁、I 字梁或 π 形梁)或肋拱宜选择腹板或肋拱侧面进行测试。

3 预制箱型构件宜选择混凝土构件的侧面及底面进行测试。

4 大跨径连续箱梁或连续刚构可按不同浇筑部位对构件进行分区测试。

5 墩柱构件宜对结构侧面进行测试,大体积混凝土(如锚碇、基础、主塔等)构件宜对混凝土侧面或顶面按浇筑部位进行测试。

6 盖梁、台帽等构件宜对混凝土浇筑侧面或底面进行测试。

9.3.4 混凝土碳化状况现场检测方法：

1 混凝土碳化状况现场测试可采用现场钻孔，钻孔直径宜为15～20mm，钻孔深度应大于混凝土的碳化深度。

2 测试时，钻孔内的混凝土粉末和碎屑应清除干净，不得用水或刷子清除，并喷洒足够的酚酞试液湿润其表面。待酚酞指示剂变色后，用碳化尺或游标卡尺测量混凝土表面至酚酞变色交界处的深度。酚酞指示剂从无色变为红紫色处的混凝土未碳化，酚酞指示剂未改变颜色处的混凝土已经碳化。

3 混凝土碳化状况测试应按照抽样要求进行碳化抽样并对钻孔部位进行恢复。

9.3.5 碳化深度测量读数和测试记录应符合下列规定：

1 喷洒酚酞试液，在瞬时颜色变为红紫色后30s内应完成测量和记录。

2 混凝土碳化深度测量采用碳化尺或游标卡尺，测量已碳化与未碳化混凝土交界面到混凝土表面的垂直距离。

3 每个测孔中测量碳化深度时应测试不少于3个测点，读数精确至0.25mm，计算碳化深度的平均值d_{kmean}和最大值d_{kmax}，精确至0.50mm。

4 测试记录中应绘制混凝土碳化测区的布置示意图和各测区碳化深度测试结果展开图，并按本规程附录H填写测试信息。

9.4 检测数据处理

9.4.1 混凝土碳化深度测试数据应按照测孔、测区、构件的顺序分别进行处理：

1 每个测孔分别在碳化界面测试3个碳化深度，分别计算其平均值和最大值，以平均值作为测孔的碳化深度，精确至0.50mm。

2 用3个测孔碳化深度的平均值作为测区检测结果，精确至0.50mm。

3 构件或构件不同部位碳化深度值为各测区检测结果的平均值，精确至0.50mm。

9.4.2 检测数据修正方法：

1 构件混凝土强度采用回弹法进行测试时，当测区碳化深度值的极差大于2.0mm，应在每一个测区分别测量碳化深度值以修正测区回弹值。

2 进行材质状况检测及耐久性和承载能力评定时，或用于火灾损伤、环境损伤和偶然损伤等损伤评定时，当测区碳化深度值的极差大于2.0mm，碳化深度测区应相应增加。

10 混凝土结构缺损检测

10.1 一般规定

10.1.1 混凝土结构缺损检测可用于裂缝检测、混凝土内部空洞和不密实区检测、不同时间浇筑的混凝土结合面质量检测及表面损伤层厚度检测等。

10.1.2 混凝土结构缺损检测前应收集设计图纸、设计变更图纸、施工资料、养护资料等,了解结构或构件存在的质量问题。

10.1.3 混凝土结构缺损现场检测宜优先选用无损伤的检测方法,当采用局部破损的检测方法时,应选择对结构安全影响较小的部位。

10.1.4 现场检测造成的损伤,应提出修补方案和建议,并进行及时修补。修补方案和修补完的状况,应在检测报告中进行说明。

10.2 检测方法选择

10.2.1 桥梁混凝土结构缺损检测,应根据检测项目、检测目的和现场条件选择合适的检测方法和仪器设备。

10.2.2 混凝土裂缝深度可采用超声法检测,也可采用钻芯法进行检测或验证。
1 开口垂直裂缝,构件断面很大,只有一个可测面时,可采用单面平测法检测裂缝深度。超声单面平测法检测裂缝深度可按本规程附录 J 执行。
2 开口垂直裂缝,构件断面不大时,可采用双面对测法检测裂缝深度,测点布置在平行于裂缝的两侧面上。超声双面对测法检测裂缝深度可按本规程附录 K 执行。
3 只有一个可测面的开口裂缝,且估计的裂缝深度不大于 500mm 时,可采用单面平测法检测裂缝深度,按跨缝和不跨缝分别布置测点。
4 具有两个相互平行测试表面时,可采用双面斜测法检测裂缝深度。超声双面斜测法检测裂缝深度可按本规程附录 L 执行。
5 大体积混凝土,如估计的裂缝深度大于 500mm 时,在被检测混凝土允许在裂缝两侧钻孔测试的情况下,可采用钻孔对测法检测裂缝深度。超声钻孔对测法检测裂缝深度可按本规程附录 M 执行。

10.2.3 混凝土内部空洞和不密实区检测可采用超声法、雷达法、冲击回波法等方法,必要时可采用钻芯法进行验证。

10.2.4 不同时间浇筑的混凝土结合面质量检测可采用超声法、探地雷达法、冲击回波法等方法,必要时可采用钻芯法进行验证。
    1 当构件的被测部位具有使声波垂直或斜穿结合面的测试条件时,可采用超声法检测混凝土结合面质量,也可采用对测法和斜测法。
    2 当结合面仅具有单个测试面时,可采用钻芯法进行检测。
    3 当混凝土上层测试层的厚度已知或上部混凝土层无质量缺陷时,可采用冲击回波法、探地雷达法检测混凝土结合面质量,且测试面不应垂直于结合面。

10.2.5 因冻害、高温或化学腐蚀等引起的混凝土表面损伤可采用超声法检测混凝土表面损伤层厚度。
    1 超声法检测混凝土表面损伤层厚度可采用单面平测法和逐层穿透法。
    2 当被测结构或构件仅有一个可测表面或两个对应面上均有损伤层时,可采用单面平测法检测混凝土表面损伤层厚度,测试方法如图 10.2.5-1 所示。将发射换能器 T 置于测试面某一点保持不动,再将接收换能器 R 以测距 L_i = 30mm、60mm、90mm…,依次置于各点,读取相应的声时值 t_i。
    3 当被测结构或构件仅有一个可测表面时,可采用逐层穿透法检测混凝土表面损伤层厚度,测试方法如图 10.2.5-2 所示。在损伤结构的一对平行表面上分别钻出一对不同深度的测试孔,孔径为 50mm 左右,然后用直径小于 50mm 的径向换能器,分别在不同深度的一对测孔中进行测试,读取声时值和测试距离,并计算其声速值,或者在结构同一位置先测一次声速,然后凿开一定深度的测孔,在孔中测一次声速,再将测孔增加一定深度并测声速,直至两次测得的声速之差小于 2% 或接近于最大值时为止。

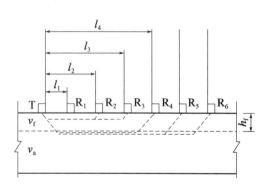

图 10.2.5-1 单面平测法检测表面损伤层厚度

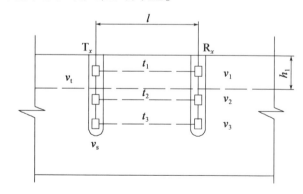

图 10.2.5-2 逐层穿透法检测表面损伤层厚度

10.3 检测要求

10.3.1 桥梁混凝土结构裂缝检测应符合下列规定：

1 裂缝宽度可用裂缝宽度检测仪量测，量测方向应与裂缝走向垂直；裂缝长度可用钢尺或钢卷尺量测。裂缝宽度较大、发展较快，或对结构受力有重要影响的裂缝，或为了查明裂缝对结构的影响程度时，应进行裂缝深度检测。

2 超声法检测混凝土结构裂缝深度时，应在裂缝最宽处量测，重复测量3次，当裂缝深度 h 为 $35\text{mm} \leqslant h < 100\text{mm}$ 时，各次测试结果差值不大于2mm；当裂缝深度 h 为 $100\text{mm} \leqslant h < 500\text{mm}$ 时，各次测试结果差值不大于 $2\%h$，精确到1mm。

3 主要部件的主要受力部位附近的代表性裂缝或受力裂缝，除检测裂缝的最大宽度外，宜沿裂缝走向布置不少于3个测点以检测宽度沿裂缝走向的分布规律。

4 次要部件、主要部件非主要受力部位的非受力裂缝，可选择代表性裂缝测量裂缝宽度，对宽度大于0.20mm的裂缝，应逐条检测裂缝宽度。

5 典型裂缝或重要裂缝的特征参数及检测信息应在裂缝旁边进行现场标识。裂缝走向应靠近裂缝并沿裂缝长度方向进行画线，在裂缝的起讫点采用与裂缝走向相垂直的截止线表示裂缝起讫点位置；裂缝宽度测试位置应采用引出线表示，并标明裂缝宽度。

6 宜采用裂缝分布图和裂缝记录表简洁、直观记录裂缝的分布特征。裂缝记录表宜包含桥梁结构的基本信息、裂缝特征参数及检测信息等；裂缝分布图可采用构件平面展开图；局部位置重要裂缝分布图可采用构件某一表面的平面图或立体图，并应反映裂缝在受检范围内的分布特征。裂缝分布图应对每条裂缝进行编号，与裂缝记录表中的编号一一对应，并应标明代表性裂缝的长度、宽度、深度及发展变化数据。裂缝记录表可参考本规程附录N。

条文说明

裂缝记录表包含桥梁结构的基本信息、裂缝特征参数及检测信息等。其中，桥梁结构的基本信息包括路线名称、桥梁名称、部件名称及编号、构件名称及编号、结构形式等；裂缝特征参数包括裂缝分布位置、裂缝起讫点位置、裂缝走向、裂缝长度、裂缝宽度、裂缝深度、裂缝间距、裂缝性质及发展趋势等；检测信息包括检测单位、检测人员、检测设备、检测时间、检测环境等。

10.3.2 混凝土内部空洞和不密实区、不良结合面、表面损伤层厚度检测时，其检测方法、项目和采记指标见表10.3.2。

表 10.3.2 桥梁混凝土结构缺损检测要求

序号	缺陷类型	检测方法	检测项目	采记指标
1	内部空洞、不密实	超声法	位置、大小	中心坐标：＿＿cm、面积 S：＿＿cm^2、深度 h：＿＿mm
		雷达法		中心坐标：＿＿cm、面积 S：＿＿cm^2、深度 h：＿＿mm
		冲击回波法		中心坐标：＿＿cm、面积 S：＿＿cm^2、深度 h：＿＿mm
2	不良结合面	超声法	位置、范围	中心坐标：＿＿cm、面积 S：＿＿cm^2
		雷达法		中心坐标：＿＿cm、面积 S：＿＿cm^2
		冲击回波法		中心坐标：＿＿cm、面积 S：＿＿cm^2
3	表面损伤层厚度	超声法	位置、范围、厚度	中心坐标：＿＿cm、面积 S：＿＿cm^2、厚度 H：＿＿mm

10.3.3 超声法检测桥梁混凝土结构内部空洞和不密实区的检测原则：

1 对外观质量较差的区域、怀疑存在缺陷的区域或通过敲击法不能确定缺陷的深度和范围时，宜对混凝土构件可疑区域进行全数检测。测试方法可按本规程附录 P 执行。

2 测试范围原则上应大于有怀疑的区域，宜为可疑区域的 2~3 倍。

3 被测部位应具有一对或两对相互平行的测试面。

4 测点间距不宜大于 100mm。

5 测点连线不宜与主钢筋平行。

6 应在同条件的正常混凝土区域进行对比测试，对比测点数不宜少于 20 个。

10.3.4 超声法检测不同时间浇筑的混凝土结合面质量的检测原则：

1 检测不同时间浇筑的混凝土结合面质量时，应查明结合面的位置、走向及外观质量，明确被测部位及范围，测试范围应覆盖全部结合面或有怀疑的区域。

2 构件的被测部位应具有使声波垂直或斜穿结合面的测试条件。

3 测点间距应根据被测结构尺寸及结合面的外观质量状况确定，宜为 100~300mm。

4 测点连线应避免与构件主钢筋平行并避开预埋铁件。

10.3.5 超声法检测混凝土表面损伤层厚度的检测原则：

1 根据构件的损伤情况和外观质量选取有代表性的部位布置测区，其数量不宜少于 3 个，每个测区不宜少于 10 个测点。

2 当结构的损伤层厚度不均匀时，应适当增加测区数。

3 构件被测表面应平整并处于自然干燥状态，且无接缝、无饰面层。

4 测点连线应避免与构件主钢筋平行并避开预埋铁件。

10.3.6 雷达法检测桥梁混凝土结构内部空洞和不密实区、检测不同时间浇筑的混凝土结合面质量的检测原则：

1 被检测部位至少有一个相对平整的检测面。

2 测区应具有代表性，应覆盖怀疑存在内部缺陷的区域。

3 当被怀疑的缺陷上方仅有单层垂直于测线方向的钢筋干扰时，或被怀疑的缺陷上方虽有两层垂直于测线方向的钢筋干扰，但是两层钢筋间距大于 200mm 时，可选用单通道雷达系统；当被怀疑的缺陷有两层及两层以上垂直于测线方向的钢筋干扰时，宜选用天线阵雷达系统。

10.3.7 冲击回波法检测桥梁混凝土结构内部空洞和不密实区、不同时间浇筑的混凝土结合面质量的检测原则：

1 冲击回波法宜用于非预应力混凝土构件及预应力构件中无预应力管道区域的内部空洞和不密实区检测；在混凝土上层测试层的厚度已知或保证上部混凝土层无质量缺陷的情况下，可测试不同时间浇筑的混凝土结合面质量，且测试面不应垂直于结合面。测试方法可按本规程附录 Q 执行。

2 测区应具有代表性，应覆盖怀疑存在结构缺损的区域。每一测区应不少于 6 个测点，且应等间距布置。检测部位应清洁、平整，无外观质量缺陷。

3 冲击点位置与传感器的间距应小于传感器量程设计厚度的 0.4 倍；测点或测区中的测线距构件边缘宜不小于所测构件实际厚度的 0.3 倍。

4 单点式冲击回波检测系统检测时，构件的测点和测区应标明编号和位置，传感器与混凝土面间宜采取耦合措施，传感器和冲击器应位于沟槽或表面裂缝同侧。

5 扫描式冲击回波检测系统检测时，测线的位置和测线网格的疏密应考虑预估缺陷的位置、大小等因素，对于预应力混凝土构件，应避开预应力管道。测线的布置应位于沟槽或表面裂缝的同侧。扫描器应紧贴混凝土表面，宜匀速滚动，移动速率不宜大于 0.1m/s。

6 检测时，应及时观察时域曲线和振幅谱图的波形变动情况，并保存有效波段和振幅谱。当检测中出现可疑区域或测点时，应对其进行复测或加密检测，可采用超声法等其他方法进行验证。

10.4 检测数据处理

10.4.1 混凝土结构裂缝检测数据处理要求：

1 裂缝长度宜取裂缝起讫点间的直线长度，可通过起讫点坐标计算，当裂缝走向发生较大变化时，应分别计算各段长度，精确到 1cm；裂缝宽度代表值宜取裂缝最宽位置的宽度测量值，精度为 0.01mm；裂缝深度代表值宜取 3 次测量结果的平均值，精确到 1mm。

2 宜分别按裂缝性质、裂缝走向、裂缝宽度等指标对裂缝进行分类汇总和统计分析，确定裂缝的总体分布规律和严重程度。

3 裂缝检测结果宜包括裂缝分布图、裂缝记录表、分类汇总表及统计分析结果,并配以图像、视频、文字等进行补充描述,分析裂缝的产生原因,评估对结构的影响程度。

10.4.2 混凝土结构内部空洞和不密实区检测数据处理要求:

1 测区混凝土声时、声速、波幅及频率等声学参数的平均值 m_x 和标准差 S_x 可按式(10.4.2-1)、式(10.4.2-2)计算:

$$m_x = \frac{1}{n}\sum_{i=1}^{n} x_i \qquad (10.4.2\text{-}1)$$

$$S_x = \sqrt{\frac{\sum_{i=1}^{n} x_i^2 - n \cdot m_x^2}{n-1}} \qquad (10.4.2\text{-}2)$$

式中:x_i——第 i 点某一声学参数的测量值;

n——参与统计的测点数。

2 异常数据可按下列方法判别:

1)将测区各测点的波幅、声速或主频值由大至小按顺序分别排列,即 $X_1 \geq X_2 \geq \cdots \geq X_n \geq X_{n+1} \cdots$,将排在后面明显小的数据视为可疑,再将这些可疑数据中最大的一个(假定 X_n)连同其前面的数据按式(10.4.2-1)和式(10.4.2-2)计算出 m_x 及 S_x 值,并按式(10.4.2-3)计算异常情况的判断值 X_0:

$$X_0 = m_x - \lambda_1 \cdot S_x \qquad (10.4.2\text{-}3)$$

式中 λ_1 按表10.4.2-1取值。

表 10.4.2-1 统计的个数 n 与对应的 λ_1、λ_2、λ_3 值

n	20	22	24	26	28	30	32	34	36	38
λ_1	1.65	1.69	1.73	1.77	1.80	1.83	1.86	1.89	1.92	1.94
λ_2	1.25	1.27	1.29	1.31	1.33	1.34	1.36	1.37	1.38	1.39
λ_3	1.05	1.07	1.09	1.11	1.12	1.14	1.16	1.17	1.18	1.19
n	40	42	44	46	48	50	52	54	56	58
λ_1	1.96	1.98	2.00	2.02	2.04	2.05	2.07	2.09	2.10	2.12
λ_2	1.41	1.42	1.43	1.44	1.45	1.46	1.47	1.48	1.49	1.49
λ_3	1.20	1.22	1.23	1.25	1.26	1.27	1.28	1.29	1.30	1.31
n	60	62	64	66	68	70	72	74	76	78
λ_1	2.13	2.14	2.15	2.17	2.18	2.19	2.20	2.21	2.22	2.23
λ_2	1.50	1.51	1.52	1.53	1.53	1.54	1.55	1.56	1.56	1.57
λ_3	1.31	1.32	1.33	1.34	1.35	1.36	1.36	1.37	1.38	1.39
n	80	82	84	86	88	90	92	94	96	98
λ_1	2.24	2.25	2.26	2.27	2.28	2.29	2.30	2.30	2.31	2.31
λ_2	1.58	1.58	1.59	1.60	1.61	1.61	1.62	1.62	1.63	1.63
λ_3	1.39	1.40	1.41	1.42	1.42	1.43	1.44	1.45	1.45	1.45

续上表

n	100	105	110	115	120	125	130	140	150	160
λ_1	2.32	2.35	2.36	2.38	2.40	2.41	2.43	2.45	2.48	2.50
λ_2	1.64	1.65	1.66	1.67	1.68	1.69	1.71	1.73	1.75	1.77
λ_3	1.46	1.47	1.48	1.49	1.51	1.53	1.54	1.56	1.58	1.59

将判断值 X_0 与可疑数据的最大值 X_n 相比较,当 X_n 不大于 X_0 时,则 X_n 及排列于其后的各数据均为异常值,并且去掉 X_n,再用 $X_1 \sim X_{n-1}$ 进行计算和判别,直至不能判断出异常值为止;当 X_n 大于 X_0 时,应再将 X_{n+1} 放进去重新进行计算和判别。

2)当测区中判断出异常测点时,可根据异常测点的分布情况,按式(10.4.2-4)进一步判别其相邻测点是否异常:

$$X_0 = m_x - \lambda_2 \cdot S_x \quad \text{或} \quad X_0 = m_x - \lambda_3 \cdot S_x \quad (10.4.2\text{-}4)$$

式中 λ_2、λ_3 按表 10.4.2-1 取值。当测点布置为网格状时取 λ_2;当单排布置测点时取 λ_3。若无法保证耦合条件的一致性,则波幅值不能作为统计法的判据。

3)当测区混凝土中某些测点的声学系数被判为异常值时,可结合异常测点的分布及波形状况,确定混凝土内部空洞和不密实区的位置和范围。

4)当空洞或不密实区位于发射和接收探头连线的中央时,如图 10.4.2-1 所示。探测时首先在无缺陷处测出无缺陷混凝土的声速,然后移动探头确定缺陷区及缺陷中心,声时最长点即为缺陷在垂直于两探头连线平面的中心位置。再在缺陷中心位置处测读声时,此声时即为声波绕过缺陷所需的时间。缺陷在声波传播方向的横向最小尺寸 d 可按式(10.4.2-5)计算:

$$d = D + \sqrt{t_1^2 v_a^2 - l^2} \quad (10.4.2\text{-}5)$$

式中:D——探头直径(mm);

t_1——在缺陷中心所测读的声时(μs);

v_a——无缺陷处混凝土声速(km/s);

l——探头连线方向构件尺寸(mm)。

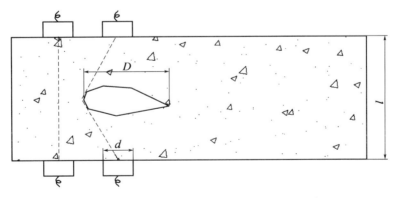

图 10.4.2-1 居中缺陷不密实或空洞的超声法检测

5)当判定为片状缺陷时,可将探头移至斜角进行测量,如图 10.4.2-2 所示。此时,片状缺陷在其平面内的最小尺寸 d 可按式(10.4.2-6)计算:

$$d = \frac{1}{\sin\alpha}\sqrt{t_e^2 v_a^2 - l_e^2} \qquad (10.4.2\text{-}6)$$

式中：α——斜角处两探头连线与片状缺陷平面的夹角(°)；

t_e——斜角处所测读的声时值(μs)；

l_e——斜角处两探头间最小距离(mm)；

v_a——无缺陷处混凝土声速(km/s)。

6) 当混凝土内部空洞或不密实区位于发射和接收换能器连线的任意位置，如图10.4.2-3所示，设检测距离为 l，空洞中心（在另一对测试面上声时最长的测点位置）距某一测试面的垂直距离为 l_h，声波在空洞附近无缺陷混凝土中传播的时间平均值为 t_m，绕过空洞传播的时间（空洞处的最大声时值）为 t_h，空洞半径为 r。

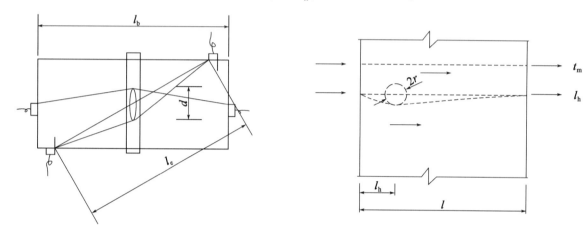

图10.4.2-2 居中片状缺陷的超声波检测　　图10.4.2-3 空洞或不密实区的超声波检测

设 $x = \dfrac{t_h - t_m}{t_m} \times 100$，$y = \dfrac{l_h}{l}$，$z = \dfrac{r}{l}$，根据 x、y 值，可由表10.4.2-2查得空洞半径 r 与测距 l 得比值 z，再计算空洞的大致半径 r。

表10.4.2-2　x、y、z 函数值

y	z												
	0.05	0.08	0.10	0.12	0.14	0.16	0.18	0.20	0.22	0.24	0.26	0.28	0.30
	x												
0.10(0.9)	1.42	3.77	6.26										
0.15(0.85)	1.00	2.56	4.06	5.96	8.39								
0.2(0.8)	0.78	2.02	3.17	4.62	6.36	8.44	10.9	13.9					
0.25(0.75)	0.67	1.72	2.69	3.90	5.34	7.03	8.98	11.2	13.8	16.8			
0.3(0.7)	0.60	1.53	2.40	3.46	4.73	6.21	7.91	9.38	12.0	14.4	17.1	20.1	23.6
0.35(0.65)	0.55	1.41	2.21	3.19	4.35	5.70	7.25	9.00	10.9	13.1	15.5	18.1	21.0
0.4(0.6)	0.52	1.34	2.09	3.02	4.12	5.39	6.85	10.3	12.3	14.5	16.9	19.6	
0.45(0.55)	0.50	1.30	2.03	2.92	3.99	5.22	6.62	8.20	9.95	11.9	14.0	16.3	18.8
0.5	0.50	1.28	2.00	2.89	3.94	5.16	6.55	8.11	9.84	11.8	13.8	16.1	18.6

当被测部位只有一对可供测试的表面时,只能按缺陷位于测距中心考虑,此时缺陷的尺寸可按式(10.4.2-7)计算:

$$r = \frac{l}{2}\sqrt{\left(\frac{t_h}{t_m}\right)^2 - 1} \qquad (10.4.2-7)$$

式中:r——空洞半径(mm);
　　l——发射和接收换能器之间的距离(mm);
　　t_h——缺陷处的最大声时值(μs);
　　t_m——无缺陷区的声时值(μs)。

10.4.3 不同时间浇筑的混凝土结合面质量检测数据处理要求:

1 将同一测区各测点声速、波幅和主频值分别按本规程第10.4.2条进行统计分析。

2 当测点数无法满足统计判断时,可将T-R2的声速、波幅等声学参数与T-R1进行比较,当T-R2声学参数比T-R1显著低时,则该点可判为异常测点。

3 当通过结合面的某些测点的数据被列为异常,并查明无其他因素影响时,可判定混凝土结合面在该部位结合不良。

4 不同时间浇筑的混凝土结合面的质量检测结果应绘制缺陷展开图。

条文说明

如果所测混凝土的结合面结合良好,则超声波穿过有、无结合面的混凝土时,声学参数应无明显差异。当结合面局部地方存在疏松、孔隙或填进杂物时,该部分混凝土与邻近正常混凝土相比,其声学参数值将存在明显差异。但有时因耦合不良、测距发生变化或对应测点错位等因素的影响,也可能导致检测数据异常。因此,对于数据异常的测点,只有在查明无其他非混凝土自身因素影响时,方可判定该部位混凝土结合不良。

10.4.4 混凝土表面损伤层厚度检测数据处理要求:

1 当采用单面平测时,将各测点的声时测值 t_i 与相应的测距值 l_i 绘制成"时-距"坐标图,如图10.4.4-1所示,可求得声速改变所形成的转折点,该点前、后分别表示损伤和未损伤混凝土的 l 与 t 相关直线,用回归分析方法分别求出损伤、未损伤混凝土 l 与 t 的回归直线方程:

损伤混凝土:

$$l_f = a_1 + b_1 t_f \qquad (10.4.4-1)$$

未损伤混凝土:

$$l_a = a_2 + b_2 t_a \qquad (10.4.4-2)$$

式中:　l_f——损伤前各测点的测距(mm),对应于图10.4.4-1中的 l_1、l_2、和 l_3;
　　　　t_f——对应于 l_1、l_2、l_3、l_5 的声时 t_1、t_2、t_3、t_5(μs);
　　　　l_a——损伤后各测点的测距(mm),对应于图10.4.4-1中的 l_4、l_5、l_6;
　　　　t_a——对应于 l_4、l_5、l_6 的声时 t_4、t_5、t_6(μs);
　　a_1、a_2、b_1、b_2——直线的回归系数,分别为图10.4.4-1中损伤和未损伤混凝土直线的截距和斜率。

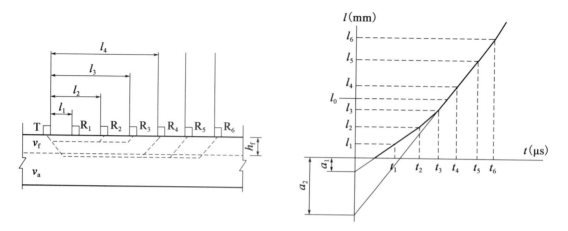

图10.4.4-1 采用平测法检测损伤层厚度的"时-距"图

2 采用单面平测法检测的损伤层厚度 h_f（mm）可按式（10.4.4-3）、式（10.4.4-4）进行计算：

$$l_0 = \frac{a_1 b_2 - a_2 b_1}{b_2 - b_1} \quad (10.4.4\text{-}3)$$

$$h_f = \frac{l_0}{2} \cdot \sqrt{\frac{b_2 - b_1}{b_2 + b_1}} \quad (10.4.4\text{-}4)$$

3 当采用逐层穿透法检测时，可将每次测量的声速值 v_i 和测孔深度值 h_i 绘制成 $v\text{-}h$ 曲线，如图10.4.4-2所示，声速趋于基本稳定的测孔深度即是混凝土损伤层的厚度 h_f。

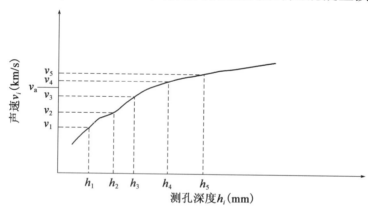

图10.4.4-2 采用逐层穿透法检测损伤层厚度的 $v\text{-}h$ 曲线

10.4.5 混凝土裂缝深度及内部缺陷无损检测结果，宜采取剔凿或钻芯验证，操作时应符合下列要求：

1 局部取芯检测验证时，对普通钢筋和预应力筋应准确定位，避免损伤普通钢筋和预应力筋。

2 对经剔凿或钻芯位置的混凝土内部缺陷，应标记并采集影像记录，并对无损检测结果进行修正。

3 混凝土内部缺陷检测结果应绘制缺陷展开图。

11 预应力管道压浆密实度检测

11.1 一般规定

11.1.1 预应力管道压浆密实度检测可用于已建和新建桥梁混凝土结构。新建桥梁混凝土结构应在预应力管道压浆完成48h后再进行压浆密实度检测。

条文说明

管道压浆完成后测试与48h后测试，波速会有显著变化，影响检测结果。48h后波速基本稳定，故检测时段定在压浆完成48h后。

11.1.2 桥梁混凝土结构预应力管道压浆密实度等级应按表11.1.2划分。

表11.1.2 预应力管道压浆密实度等级划分

密实度等级	特　征	压浆密实度 T
Ⅰ类	压浆密实	$T \geq 95\%$
Ⅱ类	压浆基本密实，有轻度缺陷，但不存在空洞	$85\% \leq T < 95\%$
Ⅲ类	压浆存在明显缺陷，有连续空洞区	$75\% \leq T < 85\%$
Ⅳ类	压浆存在严重缺陷	$T < 75\%$

11.2 检测方法选择

11.2.1 本规程所涉及的检测方法包括全长普查类方法和侧面扫查类方法。检测方法应根据检测目的、检测条件和工程需要按表11.2.1确定。在条件允许的前提下，应优先采用声波透射法和声波剖面法。

表11.2.1 预应力管道压浆密实度无损检测方法

检测方法		检测内容	适用条件
全长普查类方法	声波透射法	压浆密实度	两端均未封锚
	声波反射法	压浆密实度、缺陷定位	至少一端未封锚
侧面扫查类方法	声波剖面法	缺陷定位	至少一端未封锚
	冲击回波法	缺陷定位	—
	地质雷达法	压浆密实度、缺陷定位	非金属预应力管道

11.2.2 对于新建桥梁,应先采用全长普查类方法快速检测预应力管道压浆密实度,评价管道压浆密实度等级。当压浆密实度等级为Ⅰ类或Ⅱ类时,可直接出具检测成果报告;当压浆密实度等级为Ⅲ类或Ⅳ类时,应采用侧面扫查类方法进行缺陷定位检测,便于开孔验证及后期处治。

11.2.3 对于已建成桥梁,非金属波纹管预应力管道压浆密实度宜选用地质雷达法检测;金属波纹管预应力管道压浆密实度宜选用冲击回波法进行检测。

11.2.4 可根据需要选择适当部位对预应力管道压浆密实度检测结果作破损检查验证。

11.3 检测要求

11.3.1 声波类仪器设备应满足下列要求:
1 激振设备可选用线性调频震源、超磁致伸缩震源、击振锥或击振锤;宜优先选用可控震源。
2 接收传感器频率响应范围宜在10Hz~25kHz,宜选用加速度型传感器或速度型传感器,可通过强力磁座方式耦合。
3 信号采集器应具有现场显示、输入检测参数、保存实测波形信号的功能,宜有对现场检测信号进行分析处理、与计算机进行无线数据通信的功能。
4 A/D转换位数应不低于16位,最小采样间隔应不大于10μs,采集器应不少于2个通道。

11.3.2 地质雷达仪器设备应满足下列要求:
1 A/D转换位数应不低于16位;应具有信号叠加、实时滤波、点测和连续测量、位置标记等功能。
2 宜采用900MHz以上的高频天线。

条文说明

对于采用单一参数波速进行评定的,宜在每个工区检测前进行波速标定。标定方法:张拉后未注浆前测试钢绞线波速v_0,对应注浆密实度为0;测试梁体混凝土波速或试验梁注浆饱满的管道波速v_1,对应注浆密实度为100%。然后根据试验数据建立本工区的波速-压浆密实度曲线。

11.3.3 进行全长普查时,现场检测应符合下列规定:
1 受检预应力构件锚头外露预应力筋长度不应超过100mm,且外露预应力筋截面平整、外表清洁。

2 对于锚头已封锚的,检测前应先凿开封堵混凝土,清洁预应力筋和锚具端头。

3 检测现场不应有机械振动、电焊作业等对检测数据有明显干扰的施工作业。

11.3.4 进行全长普查时,声波透射法检测应符合下列规定:

1 应一端激发,另一端接收;在两端均布置传感器,每次激振可获取两组波形数据,如图 11.3.4 所示。

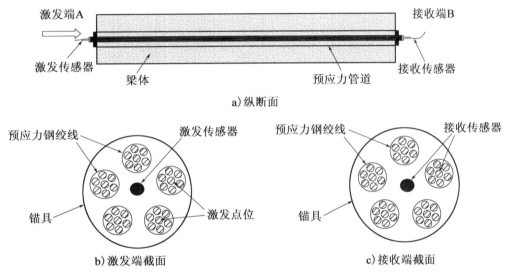

图 11.3.4 声波透射法检测

2 传感器宜布置在锚具表面的中心部位;激发装置宜布置在钢绞线端头。

3 应保持激发传感器、接收传感器与锚头耦合良好。

11.3.5 进行全长普查时,声波反射法检测应符合下列规定:

1 应在同一端激发、接收,如图 11.3.5 所示。

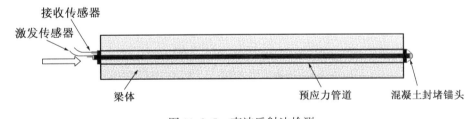

图 11.3.5 声波反射法检测

2 只需在激振一端布置传感器,每次激振可获取一组波形数据。

11.3.6 进行侧面扫查时,宜根据设计和施工情况在预应力构件侧面准确标出波纹管的投影位置,并沿测线等间距标出测点位置。

11.3.7 进行侧面扫查时,声波剖面法检测应符合下列规定:

1 检测前应清理预应力锚具端头、钢绞线,保持其清洁、平整。

2 应在端头激发,侧面接收,如图11.3.7所示。

3 测点间距不宜大于20cm。

4 传感器应紧贴构件,可在传感器底座涂抹凡士林或黄油耦合。

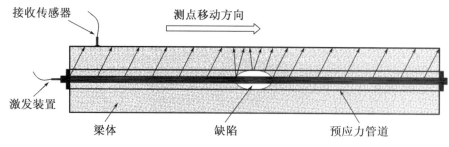

图11.3.7 声波剖面法检测

11.3.8 进行侧面扫查时,冲击回波法检测应符合下列规定:

1 应在预应力构件侧面单点激发、单点接收,如图11.3.8所示。

2 测点间距不宜大于20cm,激发接收距离不宜大于10cm。

3 传感器应紧贴构件,可在传感器底座涂抹凡士林或黄油耦合。

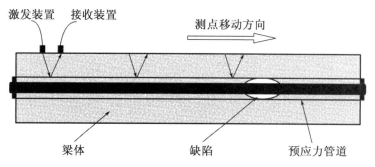

图11.3.8 冲击回波法检测

11.3.9 进行侧面扫查时,地质雷达法检测应符合下列规定:

1 应使地质雷达天线在侧面沿波纹管投影位置扫描检测,如图11.3.9所示;对异常段可采用垂直测线的方式详细检测。

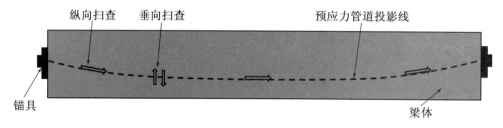

图11.3.9 地质雷达法检测

2 检测前应标定检测对象的介电常数。

3 采集过程中观察信号是否正常,若周围存在较强的电磁干扰,应尽量排除,无法排除时应记录干扰源的位置和性质。

4 检测过程中天线应严格按照测线移动,保持天线与混凝土表面耦合良好。

5 回放地质雷达数据记录,检查标记是否齐全、准确,记录质量是否满足要求;数据不满足要求时应重新采集。

11.4 检测数据处理

11.4.1 全长普查时,声波透射法检测数据处理宜按下列规定进行:
 1 根据波形数据和波纹管长度计算波速、能量衰减、频率变化等参数。
 2 选用单参数或多参数计算得出压浆密实度,宜优先选用人工智能神经网络分析方法,可参考式(11.4.6-1)计算。
 3 按表11.1.2评价压浆密实度等级。

条文说明
 采用人工智能神经网络法方法,可按如下操作:①通过试验、应用实践,建立单参数或多参数样本库,如可以建立波速、能量衰减比、主频频差参数与压浆密实度之间的关系样本库,样本库数据可不断增补;②对实测数据分析,求取波速、能量衰减比、主频频差;③采用BP神经网络法,智能评定、反演出实测管道的压浆密实度。

11.4.2 全长普查时,声波反射法检测数据处理宜按下列规定进行:
 1 通过波形分析、时频分析、谱能比分析等,圈定缺陷位置和长度。
 2 统计缺陷累计长度,通过式(11.4.6-2)计算压浆密实度T。
 3 按表11.1.2评价压浆密实度等级。

11.4.3 侧面扫查时,声波剖面法检测数据处理宜按下列规定进行:
 1 宜先对采集数据进行滤波、频谱分析等处理。
 2 沿预应力管道绘制能量衰减曲线和频移曲线。
 3 在曲线上圈定缺陷程度和范围,并绘制缺陷分布成果图。
 4 统计缺陷累计长度,根据式(11.4.6-2)计算压浆密实度T。
 5 按表11.1.2评价压浆密实度等级。

11.4.4 侧面扫查时,冲击回波法检测数据处理宜按下列规定进行:
 1 通过时频分析、小波分析等手段,圈定缺陷位置和长度。
 2 统计缺陷累计长度,通过式(11.4.6-2)计算压浆密实度T。
 3 按表11.1.2评价压浆密实度等级。

11.4.5 侧面扫查时,地质雷达法检测数据处理宜按下列规定进行:
 1 根据检测记录表,对原始数据进行预处理。检测记录表见本规程附录R。
 2 根据测线标记信息,按测线方向做归一化处理。
 3 对数据进行带通滤波、瞬态谱分析、偏移成像处理。

4 分析地质雷达图像的同相轴特征、振幅特征、频率特征和相位特征等,判别和圈定缺陷。

5 统计缺陷累计长度,根据式(11.4.6-2)计算压浆密实度 T。

6 按表11.1.2评价压浆密实度等级。

11.4.6 预应力管道压浆密实度计算应符合下列规定:

1 对于声波透射法,桥梁预应力管道压浆密实度宜通过建立多参数(或单参数)经验公式、人工智能神经网络的方法计算获取,见式(11.4.6-1):

$$T = f(v, \eta, d_f, \cdots) \tag{11.4.6-1}$$

式中:T——压浆密实度;

v——波速(km/s);

η——发射波与透射波能量衰减比例;

d_f——发射波与透射波主频频差(Hz)。

2 对于除声波透射法外的本规程规定的其他方法,桥梁预应力管道压浆密实度按式(11.4.6-2)计算:

$$T = \frac{L_d}{L} \times 100 = \frac{L - L_u}{L} \times 100 \tag{11.4.6-2}$$

式中:T——压浆密实度;

L——预应力管道长度(m);

L_d——压浆密实段累计长度(m),精确至0.1m;

L_u——压浆不密实段累计长度(m),精确至0.1m。

条文说明

采用人工智能神经网络法计算压浆密实度前,应建立已知压浆密实度的预应力管道样本模型,测得足够多的已知样本模型数据库,样本模型数据不应少于10组。

附录 A 混凝土强度检测仪器使用要求

A.1 回弹仪

A.1.1 技术要求：

1 测定回弹值的仪器，可采用数字式的，也可采用指针直读式的。

2 回弹仪必须具有制造厂的产品合格证及检定单位的检定合格证，在回弹仪的明显位置上应具有下列标志：名称、型号、制造厂名（或商标）、出厂编号、出厂日期和中国计量器具制造许可证标志 CMC 及许可证证号等。

3 回弹仪应符合下列标准状态的要求：

1）水平弹击时，弹击锤脱钩的瞬间，回弹仪的标准能量应为 2.207J；

2）弹击锤与弹击杆碰撞的瞬间，弹击拉簧应处于自由状态，此时弹击锤起跳点应相应于指针指示刻度尺上"0"处；

3）在洛氏硬度 HRC 为 60 ± 2 的钢砧上，回弹仪的率定值应为 80 ± 2；

4）数字式回弹仪应带有指针直读示值系统；数字显示的回弹值与指针直读示值相差不应超过 1。

4 回弹仪使用时的环境温度应为 -4 ~ 40℃。

A.1.2 检定：

1 回弹仪具有下列情况之一时应送检定单位检定：

1）新回弹仪启用前；

2）超过检定有效期限（有效期为半年）；

3）经常规保养后钢砧率定值不合格；

4）数字式回弹仪数字显示的回弹值与指针直读示值相差大于 1；

5）遭受严重撞击或其他损害。

2 回弹仪应由授权计量检定机构按现行《回弹仪检定规程》（JJG 817）进行检定。

3 回弹仪在工程检测前后，应在钢砧上做率定试验，回弹仪率定所用钢砧应每 2 年送授权计量检定机构检定或校准。

4 回弹仪率定试验宜在干燥、室温为 5 ~ 35℃ 的条件下进行。率定时，钢砧应稳固地平放在刚度大的物体上。测定回弹值时，取连续向下弹击三次的稳定回弹平均值。弹击杆应分三次旋转，每次旋转宜为 90°。弹击杆旋转一次的率定平均值应为 80 ± 2。

A.1.3 回弹仪的保养：

1 回弹仪具有下列情况之一时，应进行常规保养：

1）弹击超过 2 000 次；

2）对检测值有怀疑时；

3）在钢钻上的率定值不合格。

2 常规保养应符合下列规定：

1）使弹击锤脱钩后取出机芯，然后卸下弹击杆，取出里面的缓冲压簧，并取出弹击锤、弹击拉簧和拉簧座；

2）机芯各零部件应进行清洗，重点清洗中心导杆、弹击锤和弹击杆的内孔和冲击面。清洗后应在中心导杆上薄薄涂抹钟表油，其他零部件均不得抹油；

3）应清理机壳内壁、牌子下刻度尺，并应检查指针，其摩擦力应为 0.5~0.8N；

4）不得旋转尾盖上已定位紧固的调零螺丝，不得自制或更换零部件；

5）对于数字式回弹仪，应按产品要求的维护程序进行维护；

6）保养后应按本规程第 A.1.2 条第 4 款的要求进行率定试验。

3 回弹仪使用完毕后应使弹击杆伸出机壳，清除弹击杆、杆前端球面以及刻度尺表面和外壳上的污垢、尘土。回弹仪不用时，应将弹击杆压入仪器内，经弹击后方可按下按钮锁住机芯，将回弹仪装入仪器箱，平放在干燥阴凉处。

A.2 超声波检测仪器

A.2.1 超声检测仪器的技术要求：

1 超声波检测仪器应具有产品合格证，并应是通过计量检定的。

2 仪器的声时范围应为 0.5~9 999μs，测读精度为 0.1μs。

3 仪器应具有良好的稳定性，声时显示调节在 20~30μs 范围内时，1h 内声时显示的漂移不得大于 ±0.2μs。

4 仪器的放大器频率响应宜分为 10~200kHz、200~500kHz 2 个频段。

5 仪器宜具有示波屏显示及手动游标测读功能。显示应清晰稳定。若采用整形自动测读，混凝土超声测距不得超过 1m。

6 仪器应能适用于温度为 −10~+40℃、相对湿度不大于 80%、电源电压波动为 220V±22V 的环境中，且能连续 4h 正常工作。

A.2.2 换能器技术要求：

1 换能器宜采用厚度振动形式压电材料。

2 换能器的频率宜在 50~100kHz 范围内。

3 换能器实测频率与标称频率相差应不大于 ±10%。

A.2.3 超声波检测仪器检验和操作：

1 超声仪器检验时应满足下列要求：

1）缓慢调节延时旋钮，数字显示满足十进位递变的要求；

2）调节聚焦、辉度和扫描延时旋钮，扫描基线清晰稳定；

3）换能器与标准棒耦合良好，衰减器及发射电压正常；

4）超声波在空气中传播的计算声速与实测声速值相比，相差不大于±0.5%。

2 超声仪器应按下列步骤进行操作：

1）操作前应仔细阅读仪器使用说明书；

2）仪器在接通电源前，应检查电源电压，接上电源后，仪器宜预热10min；

3）换能器与标准棒应耦合良好，调节首波幅度至30~40mm后测读声时值。有调零装置的仪器，应调节调零电位器以扣除初读数；

4）在实测时，接收信号的首波幅度均应调至30~40mm后，才能测读每个测点的声时值。

A.2.4 检测仪器维护：

1 超声仪器应按下列规定进行维护：

1）如仪器在较长时间内停用，每月应通电一次，每次不少于1h；

2）仪器应存放在通风、阴凉、干燥处，无论存放或工作，均应防尘；

3）在搬运过程中应防止碰撞和剧烈振动。

2 换能器应避免摔损和撞击，工作完毕应擦拭干净，单独存放。换能器的耦合面应避免磨损。

附录 B 用回弹-取芯综合法检测桥梁结构混凝土强度的方法

B.0.1 对已使用多年的混凝土桥梁结构,宜采用回弹-取芯综合法检测其混凝土强度。

B.0.2 检测时,应先按本规程有关的要求,在结构、构件或关键控制部位布置测区,用回弹法检测各测区的混凝土换算强度值,然后进行钻芯修正。

B.0.3 钻取的芯样数量应符合下列规定:
1 直径100mm芯样试件的数量不应少于6个,小直径芯样试件的数量不应少于9个。
2 钻取芯样的位置应与回弹测区重合,当确有困难时,可布置在相应测区附近;如果用在桥梁结构次要构件上钻取芯样进行代替时,应对拟钻芯部位布置测区,用回弹法检测各测区的混凝土换算强度值。

B.0.4 芯样应在结构或构件的下列部位钻取:
1 结构或构件受力较小的部位。
2 混凝土强度质量具有代表性的部位。
3 便于钻芯机安放与操作的部位。
4 避开主筋、预埋件和管线的位置,并尽量避开其他钢筋。

B.0.5 抗压芯样试件宜使用直径为100mm的芯样,且其直径不宜小于集料最大粒径的3倍;也可采用小直径芯样,但其直径不应小于70mm且不得小于集料最大粒径的2倍。

B.0.6 钻取芯样的主要设备及其技术要求:
1 钻取芯样及芯样加工的主要设备、仪器,均应具有产品合格证。
2 钻芯机应具有足够的刚度、操作灵活、固定和移动方便,并应有水冷却系统。钻芯机主轴的径向跳动不应超过0.1mm,工作时噪声不应大于90dB。
3 钻取芯样时宜采用内径100mm或150mm的金刚石或人造金刚石薄壁钻头。钻头胎体不得有肉眼可见的裂缝、缺边、少角、倾斜及喇叭口变形。钻头胎体对钢体的同心度偏差不得大于0.3mm,钻头的径向跳动不得大于1.5mm。

4 锯切芯样用的锯切机,应具有冷却系统和牢固夹紧芯样的装置,配套使用的人造金刚石圆锯片应有足够的刚度。

5 芯样宜采用补平装置(或研磨机)进行端面加工。补平装置除保证芯样的端面平整外,尚应保证端面与轴线垂直。

6 探测钢筋位置的磁感仪,应适用于现场操作,其最大探测深度不应小于60mm,探测位置偏差不宜大于±5mm。

B.0.7 芯样钻取,应按下述规定进行:

1 钻芯机就位并安放平稳后,应将钻机固定,以便工作时不致产生位置偏移。固定的方法应根据钻芯机构造和施工现场的具体情况,分别采用顶杆支撑、配重、真空吸附或膨胀螺栓等方法进行固定。

2 钻芯机在未安装钻头之前,应先通电检查主轴旋转方向(三相电动机)。当旋转方向为顺时针时,方可安装钻头。钻芯机主轴的旋转轴线,应调整到与被钻取芯样的混凝土表面相垂直。

3 钻芯机接通水源、电源后,拨动变速钮调到所需转速。正向转动操作手柄使钻头慢慢接触混凝土表面,待钻头刃部入槽稳定后方可加压。钻进到预定深度后,反向转动操作手柄,将钻头提升到接近混凝土表面,然后停电停水。

4 钻芯时用于冷却钻头和排除混凝土料屑的冷却水流量宜为3~5L/min,出口水温不宜超过30℃。

5 从钻孔中取出的芯样在稍微晾干后,应标上清晰的标记。若所取芯样的高度及质量不能满足本规程第B.0.8条第6款的要求,则应重新钻取芯样。芯样在运送前应仔细包装,避免损坏。

6 结构或构件钻芯后所留下的孔洞应及时进行修补,以保证其正常工作。

7 工作完毕后,应及时对钻芯机和芯样加工设备进行维修保养。

B.0.8 芯样加工及技术要求:

1 芯样抗压试件的高度和直径之比宜为1。

2 采用锯切机加工芯样试件时,应将芯样固定,并使锯切平面垂直于芯样轴线。锯切过程中应冷却人造金刚石圆锯片和芯样。

3 芯样试件内不宜含有钢筋,但可有一根直径不大于10mm的钢筋,且钢筋应与芯样的轴线垂直并离开端面10mm以上。

4 抗压芯样试件的端面处理,可采取在磨平机上磨平端面的处理方法,也可采用硫黄胶泥或环氧胶泥补平,补平层厚度不宜大于2mm,抗压强度低于30MPa的芯样试件,不宜采用磨平端面的处理方法;抗压强度高于60MPa的芯样试件,不宜采用硫黄胶泥或环氧胶泥补平的处理方法。

5 试验前应对芯样的几何尺寸作下列测量:

1）平均直径：用游标卡尺在芯样试件上部、中部和下部相互垂直的两个位置上共测量6次，取测量的算术平均值作为芯样试件的直径，精确至0.5mm。

2）芯样高度：用钢卷尺或钢板尺进行测量，精确至1.0mm。

3）垂直度：用游标量角器测量芯样试件两个端面与母线的夹角，取最大值作为芯样试件的垂直度，精确至0.1°。

4）平整度：用钢板尺或角尺紧靠在芯样试件承压面（线）上，一面转动钢板尺，一面用塞尺测量钢板尺与芯样试件承压面（线）之间的缝隙，取最大缝隙为芯样试件的平整度；也可采用其他专用设备测量。

6 芯样尺寸偏差及外观质量超过下列数值时，不得用于抗压强度试验：

1）抗压芯样试件的实际高径比（H/d）小于要求高径比的0.95或大于1.05；

2）沿芯样试件高度任一直径与平均直径相差超过1.5mm；

3）抗压芯样试件端面的不平整度在每100mm长度内超过0.1mm；

4）抗压芯样试件端面与轴线的不垂直度超过1°；

5）芯样有较大缺陷。

B.0.9 芯样抗压强度试验：

1 芯样试件的抗压试验应按现行《普通混凝土力学性能试验方法标准》（GB/T 50081）中对立方体试块抗压试验的规定进行。

2 芯样试件宜在与被检测结构或构件混凝土湿度基本一致的条件下进行抗压试验。如结构工作条件比较干燥，芯样试件应以自然干燥状态进行试验，如结构工作条件比较潮湿，芯样试件应以潮湿状态进行试验。

3 按自然干燥状态进行试验时，芯样试件在受压前应在室内自然干燥3d，按潮湿状态进行试验时，芯样试件应在20℃±5℃的清水中浸泡40～48h，从水中取出后去除表面水渍，并立即进行抗压试验。

B.0.10 芯样混凝土强度的计算：

1 芯样试件的混凝土换算强度值，应按式（B.0.10）计算：

$$f_{cu,cor} = \frac{\beta_c F_c}{A_c}$$ （B.0.10）

式中：$f_{cu,cor}$——芯样试件抗压强度值（MPa），精确至0.1MPa；

F_c——芯样试件抗压试验测得的最大压力值（N）；

A_c——芯样试件抗压截面面积（mm²）；

β_c——芯样试件混凝土强度换算系数，取1.0。

2 当有可靠试验依据时，芯样试件混凝土强度换算系数β_c也可根据混凝土原材料和施工工艺情况通过试验确定。

B.0.11 钻芯修正后的混凝土换算强度可按式（B.0.11-1）计算，修正量Δf可按

式(B.0.11-2)计算:

$$f_{cu,i0}^c = f_{cu,i}^c + \Delta f \qquad (B.0.11\text{-}1)$$

$$\Delta f = f_{cu,cor,m}^c - f_{cu,mi}^c \qquad (B.0.11\text{-}2)$$

式中:$f_{cu,i0}^c$——修正后的换算强度(MPa),精确至0.1MPa;

$f_{cu,i}^c$——修正前的换算强度(MPa),精确至0.1MPa;

Δf——修正量(MPa),精确至0.1MPa;

$f_{cu,cor,m}^c$——芯样试件抗压强度平均值(MPa),精确至0.1MPa;

$f_{cu,mi}^c$——所用间接测量方法对应芯样测区的换算强度的算术平均值(MPa),精确至0.1MPa。

附录 C 用超声回弹综合法结合取芯检测桥梁结构混凝土强度的方法

C.0.1 检测时,应先按本规程有关章节的要求,在结构、构件或关键控制部位布置测区,用超声回弹综合法检测各测区的混凝土换算强度值,然后进行钻芯修正。

C.0.2 钻取的芯样数量及取芯位置应符合下列规定:

1 直径 100mm 芯样试件的数量不应少于 6 个,小直径芯样试件的数量不应少于 9 个。

2 钻取芯样的位置应与回弹测区重合,当确有困难时,可布置在相应测区附近;如果用在桥梁结构次要构件上钻取芯样进行代替时,应对拟钻芯部位布置测区,用超声回弹综合法检测各测区的混凝土换算强度值。

C.0.3 芯样的抗压试验,芯样混凝土换算强度值计算,应按本规程附录 B 的有关规定进行。

C.0.4 钻芯修正后的混凝土换算强度可按式(C.0.4-1)计算,修正量 Δf 可按式(C.0.4-2)计算:

$$f_{cu,i0}^c = f_{cu,i}^c + \Delta f \quad (C.0.4\text{-}1)$$

$$\Delta f = f_{cu,cor,m} - f_{cu,mi}^c \quad (C.0.4\text{-}2)$$

式中:$f_{cu,i0}^c$——修正后的换算强度(MPa),精确至 0.1MPa;

$f_{cu,i}^c$——修正前的换算强度(MPa),精确至 0.1MPa;

Δf——修正量(MPa),精确至 0.1MPa;

$f_{cu,cor,m}$——芯样试件抗压强度平均值(MPa),精确至 0.1MPa;

$f_{cu,mi}^c$——所用间接测量方法对应芯样测区的换算强度的算术平均值(MPa),精确至 0.1MPa。

附录 D 钢筋保护层厚度测试仪核查方法及钢筋保护层厚度现场检测记录表

D.1 核查试件的制作

D.1.1 制作核查试件的材料不得对钢筋探测仪产生电磁干扰，应采用无磁性材料。

D.1.2 制作核查试件时，宜将钢筋预埋在核查试件中，钢筋埋置时两端应露出试件，长度宜为 50mm 以上。试件表面应平整，钢筋轴线应平行于试件表面，从试件 4 个侧面量测其钢筋的埋置深度应不同，并且同一钢筋两外露端轴线至试件同一表面的垂直距离差应在 0.5mm 之内。

D.1.3 核查试件尺寸、钢筋公称直径和钢筋保护层厚度可根据钢筋探测仪的量程进行设置，并应与工程中被检钢筋的实际参数基本相同。

D.2 核查项目及指标要求

D.2.1 应对钢筋间距、保护层厚度和公称直径 3 个检测项目进行核查。

D.2.2 核查项目的指标应满足本规程第 5.3.1 条中第 2 款的要求。

D.3 核查步骤

D.3.1 应在核查试件各测试表面标记出钢筋的实际轴线位置，用游标卡尺量测两外露钢筋在各测试面上的实际保护层厚度值，取其平均值，精确至 0.1mm。

D.3.2 应采用游标卡尺量测钢筋直径，精确值 0.1mm，并通过相关的钢筋产品标准查出其对应的公称直径。

D.3.3 核查时，钢筋探测仪探头应在核查试件上进行扫描，并标记出仪器所指定的钢筋轴线，应采用直尺量测试件表面钢筋探测仪所测定的钢筋轴线与实际钢筋轴线之间的最大偏差。记录钢筋探测仪指示的保护层厚度检测值(表 D.3.3)。对于具有钢筋公称直径检测功能的钢筋探测仪,应进行钢筋公称直径检测。

表 D.3.3 钢筋保护层厚度现场检测记录表

检测机构名称：　　　　　　　　　　　　　　　　　　　　　　记录编号：

工程名称											
构件名称				委托编号							
检测依据				检测日期							
检测条件											
仪器设备及编号											
			保护层厚度(mm)								
测区	设计值	测点编号	1	2	3	4	5	6	7	8	…	n
		实测值1										
		实测值2										
测区	设计值	测点编号	1	2	3	4	5	6	7	8	…	n
		实测值1										
		实测值2										
测区	设计值	测点编号	1	2	3	4	5	6	7	8	…	n
		实测值1										
		实测值2										
示意图											
备注											

检测：　　　　　　　　　复核：　　　　　　　　日期：　　年　　月　　日

D.3.4 钢筋探测仪检测值和实际量测值的对比结果符合本规程第 5.3.1 条中第 2 款的要求时,应判定钢筋探测仪合格。当部分项目指标以及一定量程范围内符合本规程第 5.3.1 条中第 2 款的要求时,应判定其相应部分合格,但应限定钢筋探测仪的使用范围,并应指明其符合的项目和量测范围以及不符合的项目和量测范围。

附录 E 钢筋锈蚀电位现场检测记录表

表 E 钢筋锈蚀电位现场检测记录表

检测机构名称： 　　　　　　　　　　　　　　　　　　　　　　　　　记录编号：

工程名称			委托编号		
工程地点			检测日期		
构件名称			构件描述		
环境条件			环境温度		
检测依据					
仪器名称及编号					
检测部位	测点编号	电位值(mV)	测点编号	电位值(mV)	测点编号	电位值(mV)
检测部位示意图						
备注						

检测：　　　　　　　　　　复核：　　　　　　　　　　日期：　　年　　月　　日

附录 F 混凝土电阻率现场检测记录表

表 F　混凝土电阻率现场检测记录表

检测机构名称：　　　　　　　　　　　　　　　　　　　　记录编号：

工程名称		委托编号	
构件名称		检测依据	
环境条件		检测日期	
仪器设备及编号		电极间距	
检测部位	测点电阻率实测值（kΩ·cm）		
	1	2	3	4
	5	6	7	8
	9	10	11	12

测区示意图：

备注：

检测：　　　　　　　　复核：　　　　　　　　日期：　　年　　月　　日

附录 G 混凝土氯离子含量检测的试验室测试方法及混凝土氯离子含量现场检测记录表

G.1 混凝土氯离子含量检测的试验室测试

G.1.1 试验室试剂配制：

1 硝酸(1+7)溶液：分析纯硝酸和蒸馏水按体积比 1:7 配制。

2 10g/L 淀粉溶液：称取 5g(水溶性)淀粉，精确至 0.0001g 加水调成糊状后，加入蒸馏水稀释至 500mL，加热煮沸 5min，冷却后放入密封瓶中备用。

3 0.0141mol/L 硝酸银标准溶液：称取 2.3970g 化学纯硝酸银，精确至 0.0001g，用蒸馏水溶解后移入 1000mL 容量瓶中，稀释至刻度线，混合均匀后，储存于棕色瓶中。

4 0.0141mol/L 氯化钠标准溶液：称取经 550℃±50℃ 灼烧至恒重的分析纯氯化钠 0.8240g，精确至 0.0001g，用蒸馏水溶解后移入 1000mL 容量瓶中，并稀释至刻度线。

5 硝酸银标准溶液的标定：移取 20mL 氯化钠标准溶液(0.0141mol/L)于烧杯中，加 100mL 蒸馏水和 20mL 淀粉溶液(10g/L)，在电磁搅拌下，用硝酸银标准溶液以电位滴定法测定终点，化学计量点的判定应按现行《化学试剂电位滴定法通则》(GB/T 9725) 中第 6.2.2 条的规定，以二次微商法确定硝酸银溶液所用的体积 V_{01}。移取 20mL 蒸馏水于烧杯中，按同样方法进行空白试验，计算空白试验硝酸银消耗的溶液量 V_{02}，详见本规程第 G.2 节。

硝酸银标准溶液的浓度 C_{AgNO_3} 应按式(G.1.1)计算：

$$C_{AgNO_3} = \frac{C_{NaCl} \cdot V}{V_{01} - V_{02}} \quad (G.1.1)$$

式中：C_{AgNO_3}——硝酸银标准溶液的浓度(mol/L)；

C_{NaCl}——氯化钠标准溶液的浓度(mol/L)；

V——氯化钠标准溶液的体积(mL)；

V_{01}——达到化学计量点时所消耗硝酸银标准溶液的体积(mL)；

V_{02}——空白试验达到化学计量点时所消耗硝酸银标准溶液的体积(mL)。

G.1.2 仪器设备主要包括：电位滴定仪或酸度仪、银电极或氯电极、甘汞电极(参比电极)、电磁搅拌器、酸式滴定管(50mL)、移液管(20mL)、0.16mm 标准筛、分度值为 0.0001g 的电子天平。

G.1.3 试验环境:电位滴定法试验环境为常温环境。

G.1.4 试样制备:

1 将所取样品混合均匀,并研磨至全部通过筛孔公称直径为 0.16mm 的筛。

2 研磨后的粉末应置于 105℃±5℃ 的烘箱中烘 2h,取出后放入干燥器冷却至室温备用。

G.1.5 试验方法:

1 水溶性氯离子样品预处理:称取 20g 过筛的样品,精确至 0.0001g,置于 250mL 的三角烧瓶中,并加入 100mL 蒸馏水,盖上瓶塞,剧烈振摇 1~2min,浸泡 24h 后,用快速定量滤纸过滤,获取滤液,三角烧瓶中的样品应尽可能倒入滤纸中,得到滤液 A。

2 酸溶性氯离子样品预处理:称取 20g 过筛的样品,精确至 0.0001g,置于 250mL 的三角烧瓶中,并加入 100mL 硝酸(1+7)溶液,盖上瓶塞,剧烈振摇 1~2min,浸泡 24h 后,用快速定量滤纸过滤,获取滤液,三角烧瓶中的样品应尽可能倒入滤纸中,得到滤液 B。

3 氯离子含量测定:

移取 20mL 滤液 A(或 B)于 300mL 烧杯中,加入 100mL 蒸馏水,再加入 20mL(10g/L)淀粉溶液,在烧杯内放入电磁搅拌子。

将烧杯置于电磁搅拌器上后,开动搅拌器并插入银电极和甘汞电极(参比电极),两电极与电位测量仪相连。

用硝酸银标准溶液缓慢滴定,同时记录电势和对应的滴定管读数。当接近化学计量点时,电势的增加很快,此时需缓慢滴加,每次定量加入 0.1mL,当电势发生突变时,表示化学计量点已过,此时应继续滴加直至电势变化趋向平缓,用二次微商方法计算出达到化学计量点时消耗的体积 V_1,详见本规程第 G.2 节。

4 空白试验:在干净的烧杯中加入 100mL 蒸馏水和 20mL 硝酸溶液(水溶性试验时应为 20mL 蒸馏水),再加入 20mL 淀粉溶液,在电磁搅拌下,缓慢滴加硝酸银标准溶液,同时记录化学计量点时对应的硝酸银标准溶液的用量,按二次微商法计算出达到化学计量点时硝酸银标准溶液消耗的体积 V_2,详见本规程第 G.2 节。

5 混凝土氯离子含量现场检测记录见表 G.1.5。

表 G.1.5 混凝土氯离子含量现场检测记录表

检测机构名称：　　　　　　　　　　　　　　　　　　　　　　　　　记录编号：

工程名称				检测时间			
检测依据				检测环境			
检测仪器				检测部位			
硝酸银标准溶液浓度标定							
加入 20ml 0.014 1mol/L 氯化钠溶液				空白试验			
滴加硝酸银体积	电势 E(mV)	一级微商 $\Delta E/\Delta V$ (mV/mL)	二级微商	滴加硝酸银体积	电势 E(mV)	一级微商 $\Delta E/\Delta V$ (mV/mL)	二级微商
消耗溶液的体积 V_{01}(mL)				消耗溶液的体积 V_{02}(mL)			
硝酸银标准溶液的浓度 C_{AgNO_3}(mol/L)						
混凝土氯离子含量的测定							
样品质量(g)				测定氯离子种类			□水溶性氯离子含量 □酸溶性氯离子含量
加入 20mL 待测溶液				空白试验			
滴加硝酸银体积	电势 E(mV)	一级微商 $\Delta E/\Delta V$ (mV/mL)	二级微商	滴加硝酸银体积	电势 E(mV)	一级微商 $\Delta E/\Delta V$ (mV/mL)	二级微商
V_1(mL)				V_2(mL)			
氯离子占混凝土用量的百分比 W_{cl-}^{B}(%)						
每立方米混凝土质量 W_B(kg)				每立方米混凝土胶凝材料用量 W_S(kg)			
氯离子占胶凝材料用量的百分比 W_{cl-}^{A}(%)						
备注：						

检测：　　　　　　　　复核：　　　　　　　　日期：　　　年　　月　　日

G.2 二次微商法计算硬化混凝土中氯离子百分含量实例

G.2.1 硝酸银浓度标定记录格式见表 G.2.1。

表 G.2.1 硝酸银浓度标定记录格式

加入 20ml 0.0141mol/L 氯化钠溶液				加入 20ml 蒸馏水（空白试验）			
滴加硝酸银体积 V_{01}（mL）	电势 E（mV）	一级微商 $\Delta E/\Delta V$（mV/mL）	二级微商	滴加硝酸银体积 V_{02}（mL）	电势 E（mV）	一级微商 $\Delta E/\Delta V$（mV/mL）	二级微商
20.20	240			0.10	238		
20.30	251	110		0.20	248	100	
20.40	264	130	200	0.30	261	130	300
20.50	276	120	-100	0.40	273	80	-500

计算：

$$V_{01} = 20.30 + 0.10 \times \frac{200}{200 + 100} = 20.37 \text{（mL）}$$

$$V_{02} = 0.20 + 0.10 \times \frac{300}{300 + 500} = 0.24 \text{（mL）}$$

$$C_{AgNO_3} = \frac{20.00 \times 0.0141}{20.37 - 0.24} = 0.0140 \text{（mol/L）}$$

G.2.2 硬化混凝土样品的试验：

滴定样品试验记录格式见表 G.2.2。

表 G.2.2 滴定样品试验记录格式

加入 20mL 待测溶液				加入 20mL 硝酸（1+7）溶液（检测水溶性氯离子为 20mL 蒸馏水）			
滴加硝酸银体积 V_1（mL）	电势 E（mV）	一级微商 $\Delta E/\Delta V$（mV/mL）	二级微商	滴加硝酸银体积 V_2（mL）	电势 E（mV）	一级微商 $\Delta E/\Delta V$（mV/mL）	二级微商
5.60	213			0.10	144		
5.70	219	60		0.20	156	120	
5.80	228	90	300	0.30	170	140	200
5.90	235	70	-200	0.40	183	130	-100

以酸溶性氯离子含量试验为例：已知该批次混凝土密度为 2 350kg/m³，水泥用量为 360kg/m³，检测中称取样品质量为 20.034 5g。

计算：

$$V_1 = 5.70 + 0.10 \times \frac{300}{300 + 200} = 5.76 \text{（mL）}$$

$$V_2 = 0.20 + 0.10 \times \frac{200}{200 + 100} = 0.27 \text{（mL）}$$

$$W_{cl^-}^A = \frac{0.0140 \times (5.76 - 0.27) \times 0.035 45 \times 2 350 \times 5}{20.034 5 \times 360} \times 100 = 0.444\%$$

附录 H 混凝土碳化深度现场检测记录表

表 H 混凝土碳化深度现场检测记录表

检测机构名称： 记录编号：

工程名称			检测时间	
检测依据			检测环境	
检测仪器			检测部位	
检测数据				
测区编号	测孔编号	碳化深度(mm)	测点平均值(mm)	测区平均值(mm)
	1			
	2			
	3			
测区布置示意图：				
备注：				

检测： 复核： 日期： 年 月 日

附录 J 超声单面平测法检测混凝土裂缝深度

J.0.1 当结构的裂缝部位只有一个可测表面,裂缝的估计深度不大于 500mm 且比被测构件厚度至少小 100mm 以上时,可采用单面平测法检测混凝土裂缝深度。

J.0.2 单面平测法检测混凝土裂缝深度时,裂缝受检部位的两侧均应具有清洁、平整且无裂缝的检测面,裂缝两侧的检测面宽度均不宜小于估计的裂缝深度。被测裂缝表面应清洁、平整,缝中不得有积水或泥浆等。

J.0.3 平测时应在裂缝的被测部位,以不同的测距,按跨缝和不跨缝布置测点(布置测点时应避开钢筋的影响)进行测量。

J.0.4 单面平测法检测应按下列步骤进行:

1 不跨缝的声时测量:将 T 和 R 换能器置于裂缝附近同一侧,以两个换能器内边缘间距(l_i')等于 100mm、150mm、200mm、250mm…,分别读取 4 个以上的声时值(t_i),绘制"时-距"坐标图(图 J.0.4-1)或用回归分析的方法求出声时与测距之间的回归直线方程,见式(J.0.4-1):

$$l_i = a + bt_i \qquad (J.0.4\text{-}1)$$

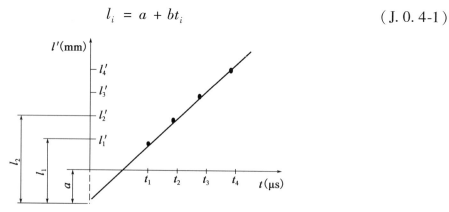

图 J.0.4-1 平测"时-距"坐标图

每测点超声实际传播的距离 l_i 计算见式(J.0.4-2):

$$l_i = l_i' + |a| \qquad (J.0.4\text{-}2)$$

式中:l_i——第 i 点的超声实际传播距离(mm);

l_i'——R、T 换能器内边缘间距(mm);

t_i——与测距 l_i 对应的声时值(μs);
a——回归直线方程的常数项(mm);
b——回归系数即平测法声速 v(km/s)。

不跨缝平测的混凝土声速值计算见式(J.0.4-3):

$$v = \frac{l'_n - l'_1}{t_n - t_1} \quad (J.0.4-3)$$

或 $v = b$

式中:l'_n、l'_1——第 n 点和第 1 点的测距(mm);
t_n、t_1——第 n 点和第 1 点读取的声时值(μs);
b——回归系数。

2 跨缝的声时测量:如图 J.0.4-2 所示,将 T、R 换能器分别置于以裂缝对称的两侧,以 l' = 100mm、150mm、200mm、250mm、300mm…,分别测读声时值 t_i^0,同时观察首波相位的变化。

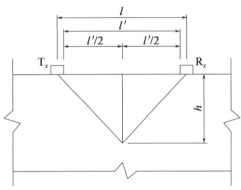

图 J.0.4-2 跨缝测试示意图

按式(J.0.4-4)和式(J.0.4-5)分别计算对应不同测距 l_i 的裂缝深度 h_i 及各测点计算裂缝深度的平均值 h_m:

$$h_i = \frac{l_i}{2}\sqrt{\left(\frac{t_i^0 v}{l_i}\right)^2 - 1} \quad (J.0.4-4)$$

$$h_m = \frac{1}{n}\sum_{i=1}^{n} h_i \quad (J.0.4-5)$$

式中:h_i——第 i 点计算的裂缝深度值(mm);
l_i——不跨缝平测时第 i 点的超声波实际传播距离(mm);
t_i^0——第 i 点跨缝平测的声时值(μs);
v——裂缝区域的混凝土声速(km/s);
h_m——各测点计算裂缝深度的平均值(mm);
n——测点数。

J.0.5 应按下列方法确定受检裂缝的深度:
1 跨缝测量中,当在某测距发现首波反相时,可用该测距及两个相邻测距的测量值按式(J.0.4-4)计算 h_{ci} 值,取此 3 点 h_{ci} 的平均值作为该裂缝的深度值 d_c;

  2 跨缝测量中,如难以发现首波反相,则应以不同测距按式(J.0.4-4)、式(J.0.4-5)计算 h_i 及其平均值 h_m。将各测距 l'_i 与 h_i 相比较,凡测距 l'_i 小于 h_i 和大于 $3h_i$ 的,应剔除该组数据,然后取余下 h_i 的平均值,作为该裂缝的深度值。

  3 h_i 的极差应满足下列规定:

当 $h_i \leq 30$mm 时,绝对极差 $\Delta_h \leq 10$mm(式 J.0.5-1);

当 30mm $< h_i < 300$mm 时,相对极差 $\delta_{\Delta h} \leq 30\%$(式 J.0.5-2);

当 $h_i \geq 300$mm 时,绝对极差 $\Delta_h \leq 90$mm。

h_m 按式(J.0.5-3)计算。

$$\Delta_h = h_{\max} - h_{\min} \tag{J.0.5-1}$$

$$\delta_{\Delta h} = \frac{\Delta_h}{h_i} \times 100 \tag{J.0.5-2}$$

$$h_m = \frac{h_{\max} + h_{\min}}{2} \tag{J.0.5-3}$$

式中:$h_{\max}$——最大裂缝深度计算值;

   $h_{\min}$——最小裂缝深度计算值。

  4 当 h_i 不满足允许极差的要求,在 $h_{\max}$ 和 $h_{\min}$ 二者中,将偏离 h_m 较大的一个删除,重新计算剩余 h_i 的极差,直至满足允许极差的要求,各测点裂缝深度计算值的平均值按式(J.0.5-4)计算:

$$h_m = \frac{1}{n}\sum_{i=1}^{n} h_i \tag{J.0.5-4}$$

  5 当剩余总测点数少于 2 个时,需要补充测点。

  6 裂缝深度按式(J.0.5-5)计算:

$$h = \frac{1}{m}\sum_{i=1}^{m} h_i \tag{J.0.5-5}$$

式中:m——h_i 极差满足要求的测点数。

附录 K 超声双面对测法检测混凝土裂缝深度

K.0.1 开口垂直裂缝,当构件断面不大时,可在平行于裂缝的两侧面上用超声双面对测法检测裂缝深度。

K.0.2 超声双面对测法检测裂缝深度的具体检测方法和步骤如下:

1 在两个侧面上等距布置测点,并逐点测出声时值,如图 K.0.2a)所示。

2 绘制测点声时与距离的关系曲线,如图 K.0.2b)所示。曲线 A 段的末端与 B 段的首端之间的距离即为裂缝深度所在的区域。对这一区域再采用加密测点的方法,即可准确地确定裂缝深度 H_L。

3 当两探头连线与裂缝平面相交时。随着探头的移动,声时逐渐由长变短,未相交后声时不变。实际测量时只要有 3 个不变声时点,即认为声时稳定。

4 由于裂缝中或多或少会有一些积水或其他能传播声波的夹杂物,采用这一方法所测得的裂缝深度往往小于实际深度。为了提高判断的准确性,一般需利用波高法作为辅助判据。当接收信号的波高明显下降,而且越来越低,不再上升时,即使声时没有明显增大,波高开始下降的点也应判作裂缝深度。

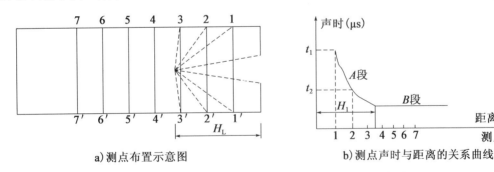

a) 测点布置示意图　　　　b) 测点声时与距离的关系曲线

图 K.0.2　超声双面对测法检测开口垂直裂缝的深度

附录 L 超声双面斜测法检测混凝土裂缝深度

L.0.1 当结构的裂缝部位具有两个相互平行的测试表面时,可按图 L.0.1 的方法采用超声双面斜测法检测。

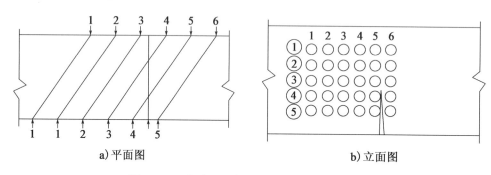

图 L.0.1 超声双面斜测法检测裂缝测点布置

L.0.2 测点布置如图 L.0.1 所示,首先在保持 T、R 换能器的连线通过裂缝和不通过裂缝的测试距离相等、倾斜角一致的条件下,将 T、R 换能器分别置于两测试表面对应测点 1、2、3…,的位置,读取相应的声时 t_i、波幅值 A_i 及主频 f_i。

L.0.3 裂缝深度判定:当 T、R 换能器的连线通过裂缝时,由于混凝土失去了连续性能而在裂缝界面上产生很大衰减,接收到的首波信号很微弱,其波幅和频率与不过裂缝的测点相比较,存在显著差异。根据波幅、声时和主频率的突变,便可判定裂缝的深度及是否在所处断面内贯通。

附录 M 超声钻孔对测法检测混凝土裂缝深度

M.0.1 超声钻孔对测法适用于大体积混凝土,预计深度在 500mm 以上的裂缝检测。

M.0.2 被测混凝土应允许在裂缝两侧钻测试孔,如图 M.0.2 所示。

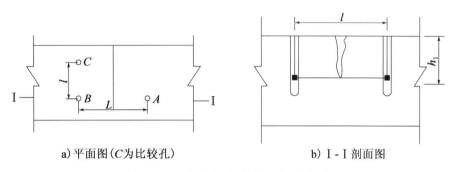

a) 平面图(C 为比较孔)　　b) Ⅰ-Ⅰ剖面图

图 M.0.2　超声钻孔对测法测裂缝深度

M.0.3 所钻测试孔应满足下列要求:

1　孔径应比所用换能器直径大 5～10mm;
2　孔深应比被测裂缝的预计深度深 70mm,经测试如浅于裂缝深度,则应加深钻孔;
3　对应的两个测试孔(A、B),必须始终位于裂缝两侧,其轴线应保持平行;
4　两个对应测试孔的间距宜为 2 000mm,同一检测对象各对测孔间距应保持相同;
5　孔中粉末碎屑应清理干净;
6　如图 M.0.2a)所示,宜在裂缝一侧多钻一个孔距相同但较测试孔浅的孔(C),通过 B、C 两孔测试无裂缝混凝土的声学参数。
7　横向测孔的轴线应具有一定倾斜角。

M.0.4 裂缝深度检测应选用频率为 20～60kHz 的径向振动式换能器。

M.0.5 测试前应先向测试孔中注满清水,并检查是否有漏水。如果漏水较快,说明该测孔与裂缝相交,此孔不能用于测试。经检查测孔不漏水,可将 T、R 换能器分别置于裂缝同侧的 B、C 孔中,以相同高度等间距地同步向下移动,并读取相应的声时和波幅值。再将两个换能器分别置于裂缝两侧对应的 A、B 测孔中,以同样方法同步移动两个换能器,逐点读取声时、波幅和换能器所处的深度。换能器每次移动的间距一般为 100～300mm。当初步查明裂缝的大致深度时,为便于准确判定裂缝深度,换能器在裂缝末端附近移动的间距应减小,如图 M.0.2b)所示。

M.0.6 以换能器所处深度(h)与对应的波幅值(A)绘制 h-A 坐标图,如图 M.0.6 所示。随着换能器位置的下移,波幅逐渐增大,当换能器下移至某一位置后,波幅达到最大并基本稳定,该位置所对应的深度便是裂缝深度值 h_c。

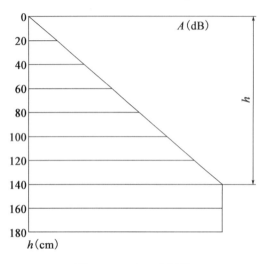

图 M.0.6 h-A 坐标图

M.0.7 若需确定裂缝末端的具体位置,可按图 M.0.7 所示的方法,将 T、R 换能器相差一个固定高度,然后上下同步移动,在保持每一个测点的测距相等、测线的倾角一致的条件下,读取相应的声时的波幅值及两个换能器的位置。

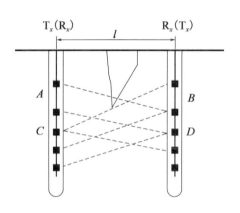

图 M.0.7 孔中交叉斜侧示意图

M.0.8 裂缝深度及末端位置判定:

1 裂缝深度判定主要以波幅值作为依据。具体对测孔所测得的波幅值和相应的孔深作图进行判别。其方法如下:换能器所处深度 h 为纵坐标,对应的波幅值为横坐标,绘制 h-A 坐标图,如图 M.0.6 所示,随着换能器位置的下移,波幅逐渐增大,当换能器下移至某一位置后,波幅达到最大并基本保持稳定,该位置对应的深度,便是该裂缝的深度值 h_c。

　　2　裂缝末端位置判定,如图 M.0.6 所示。当两个换能器的连线(测线)超过裂缝末端后,波幅值将保持最大值,根据这种情况可以确定达到裂缝末端的两条测线 AB 和 CD 的位置,该两测线的交点便是裂缝末端的位置。

M.0.9　采用钻孔对测值时,应注意混凝土不均匀性、温度、外力和钢筋的影响。

附录 N 桥梁混凝土结构裂缝检查记录表

表 N 桥梁混凝土结构裂缝检查记录表

检测机构名称： 记录编号：

桥梁名称										
构件名称					检测日期					
仪器设备					设备编号					
位置	项目								裂缝性质	发展趋势
	起点坐标(m)		终点坐标(m)		长度(m)	宽度(mm)			走向	
	x_1	y_1	x_2	y_2		w_1	w_2	w_3		

检测： 复核： 日期： 年 月 日

附录 P 超声法检测混凝土内部密实性

P.0.1 超声法检测混凝土内部密实性时被测部位应满足下列要求：

1 被测部位应具有可进行检测的测试面，并保证测线能穿过被检测区域。

2 测试范围应大于有怀疑的区域，以便与测试范围内具有同条件的正常混凝土进行对比。

3 总测点数不应少于30个，其中同条件的正常混凝土的对比用测点数不应少于总测点数的60%且不少于20个。

P.0.2 检测结合面质量时应根据结合面位置确定测试部位，被测部位应具有使声波垂直或斜穿过结合面的测试条件。

P.0.3 检测时应根据构件的实际情况选择测试方法和布置测点。

1 当构件具有两对相互平行的测试面时，宜采用对测法，如图 P.0.3-1 所示，在测试部位两对相互平行的测试面上分别画出等间距的网格，网格间距一般为 100～300mm，大型构件可适当放宽，编号确定测点位置。

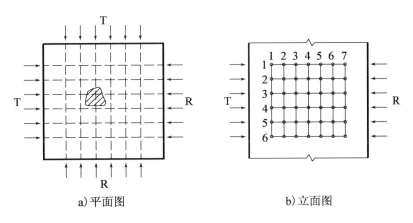

图 P.0.3-1 两对平行测试面对测法

2 当构件具有一对相互平行的测试面时，宜采用对测和斜测相结合的方法，如图 P.0.3-2所示，在测试部位相互平行的测试面上分别画出等间距的网格，网格间距一般为 100～300mm，大型构件可适当放宽，在对测的基础上进行交叉斜测。

3 当构件只具有一个测试面时，宜采用钻孔法和表面测试相结合的方法，如图 P.0.3-3所示。在测试面中心钻孔，孔中放置径向振动式换能器作为发射点，以钻孔为中心,不同半径的圆周上布置平面换能器的接收测点,同一圆周上测点间距一般为100~300mm,不同圆周的半径相差100~300mm,大型构件可适当放宽,同一圆周上的测点作为同一个构件数据进行分析。

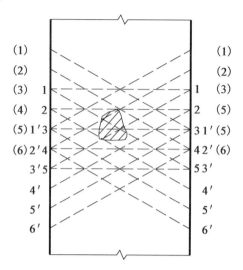

图 P.0.3-2　一对平行测试面斜测法

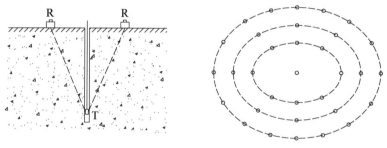

图 P.0.3-3　钻孔法与平面测试相结合

4　当测距较大时,可采用钻孔法或预埋声测管法,钻孔法如图 P.0.3-4 所示,用两个径向振动式换能器分别置于平行的测孔或声测管中进行测试,可采用双孔平测、双孔斜测、扇形扫测的检测方式。

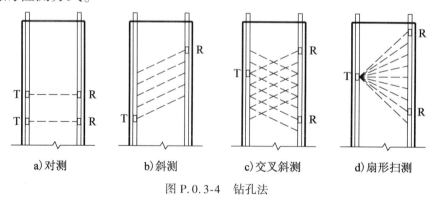

a)对测　　b)斜测　　c)交叉斜测　　d)扇形扫测

图 P.0.3-4　钻孔法

5　当测距较大时,也可采用钻孔法与构件表面对测相结合的方法,如图 P.0.3-5 所示。钻孔中径向振动式换能器发射,构件表面的平面换能器接收。可采用对测、斜测、扇形扫测的检测方式。

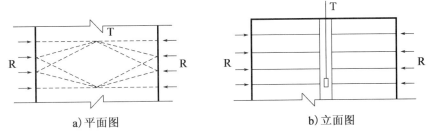

a) 平面图　　　　　　　　　　　b) 立面图

图 P.0.3-5　钻孔法与表面对测相结合

6 当构件测试面不平行而具有一对相互垂直或有一定夹角的测试面时，在一对测试面上分别画出等间距的网格，网格间距一般为 100～300mm，测线应尽可能与测试面垂直且尽可能均匀分布地穿过被测部位，如图 P.0.3-6 所示。

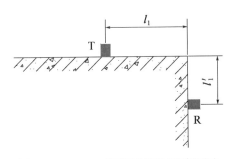

图 P.0.3-6　一对不平行测试面斜测法

7 混凝土结合面质量检测时换能器连线应垂直或斜穿过结合面，如图 P.0.3-7 所示，测量每个测点的声时、波幅、主频和测距，对发生畸变的波形应存储或记录。

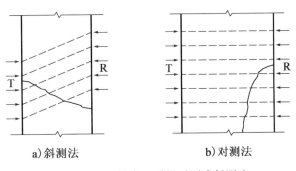

a) 斜测法　　　　　　　　　　　b) 对测法

图 P.0.3-7　结合面质量对测或斜测法

8 为保证测试声学参数的可比性，对同一构件或同一批次的构件在测试时应保证测试系统以及工作参数的一致性，并尽可能保证测距和测线倾斜角度的一致性。

P.0.4 概率法判定声学参数的异常点可按现行《超声法检测混凝土缺陷技术规程》（CECS 21）有关规定进行判别。

1 当被测构件上有怀疑区域较大，在同一构件中不能满足本规程第 P.0.1 条的要求时，可选择同条件的正常构件进行检测，按照正常构件声学参数的均值和标准差以及被测构件的测点数，计算异常数据的判断值，以此判断值对被测构件声学参数进行判断，确定声学参数异常点。

2 当被测构件缺陷的匀质性较好或缺陷区域的厚度较薄（结合面），声学参数值的标准差较小,导致计算出的异常数据判断值与经验值相比明显偏高时,可采用声学参数的经验判断值进行判断,确定声学参数异常点。

  3 当被测构件声速异常偏大时,可根据实际情况直接剔除。

P.0.5 当被测构件测点数不满足本规程第 P.0.1 条的要求时,无法进行统计法判断,或当测线的测距或倾斜角度不一致时,幅度值不具有可比性,可将有怀疑测点的声学参数与同条件的正常混凝土区域测点的声学参数进行比较,当有怀疑测点的声学参数明显低于正常混凝土测点声学参数时,该点可判为声学参数异常点。

P.0.6 声学参数异常点为缺陷可疑点,综合分析缺陷可疑点为单一声学参数异常或多种声学参数异常、声学参数低于判断值的异常程度以及波形是否畸变等因素,并结合缺陷可疑点的分布,判断缺陷可疑点是否为有缺陷测点。如果出现多种声学参数同时异常、声学参数明显低于声学参数判断值、波形明显畸变或者缺陷可疑点相邻成片等现象,则将缺陷可疑点判定为不密实区域或不良结合面区域,并以此确定构件不密实区域或不良结合面区域的位置和范围。

附录 Q　冲击回波法检测混凝土缺陷

Q.0.1　本方法适用于冲击回波测试系统检测强度不小于 10MPa 的混凝土结构或构件,且界面声阻抗应有明显的差别,混凝土结构或构件至少具备一个形状规则且平整的可测面。不适用于有覆盖物的结构,也不适用于存在机械振动和高振幅噪声的结构。

Q.0.2　应用冲击回波法检测前宜取得下列有关资料:
1　被测结构的设计图纸、设计变更、施工记录、施工验收、混凝土设计强度等级、混凝土试块抗压强度试验报告等资料。
2　检测原因或结构、构件存在的质量问题等。

Q.0.3　冲击回波法检测仪器应满足下列技术要求:
1　检测混凝土结构厚度和内部缺陷的仪器,可采用逐点式冲击回波检测系统或扫描式冲击回波检测系统。
2　冲击回波检测系统宜具有制造厂的产品合格证,可经过法定计量检定机构的校准或检测单位内部校准,并应在仪器的明显位置上具有下列标志:名称、型号、制造厂名(或商标)、出厂编号、出厂日期等。
3　冲击回波检测系统应符合下列要求:
1)冲击装置:根据检测构件的设计厚度配备产生不同频率的冲击器或电磁激振器。
2)接收传感器:采用加速度型传感器,工作频率带宽 10Hz~100kHz;扫描式冲击回波检测系统应在滚动轮上均布接收传感元件。
3)检测分析仪:采用配有单通道或多通道数据采集卡,能与瞬态冲击振源匹配工作,A/D 采样位数不低于 16 位,采样频率精度在 0.01% 以内,通道增益为 0~70dB。
4)分析软件:具有数字滤波、计算缺陷位置与构件厚度功能,具备时域分析、频率幅度谱分析,宜具有三维图形等分析功能。
5)检测环境要求:冲击回波检测系统宜在温度为 0~50℃ 范围内工作。

Q.0.4　冲击回波法现场检测应按下列规定进行:
1　检测时,检测部位混凝土表面应干燥、清洁、平整。必要时可用砂轮磨平或用高强度快凝砂浆抹平;抹平砂浆应与待测混凝土良好黏结。
2　若构件存在对判定混凝土内部缺陷有影响的钢筋,在冲击回波检测前应采用钢筋扫描仪或工程雷达检测钢筋的分布和保护层厚度,并在构件上标明钢筋的分布状况。

3 采用逐点式冲击回波检测系统进行检测时,构件的测点应标明编号和位置;采用扫描式冲击回波检测系统进行检测时,构件的测区应标明扫描线的间距和扫描方向。检测部位记录应与结构设计图纸编号一致。测点或测区中的测线距构件边缘应不小于0.3H。

4 为获得准确的构件厚度,测试前应进行波速标定,在已知厚度部位采集频谱图频率峰值,通过式(Q.0.4)进行计算:

$$C_P = 2hf \quad (Q.0.4)$$

式中:h——混凝土结构构件的厚度或缺陷估计位置(mm),精确至1mm;

C_P——混凝土波速度(m/s),精确至1m/s;

f——主频峰值(Hz),精确至0.1Hz。

5 采用逐点式冲击回波检测系统进行检测时应按下列步骤进行:

1)在构件顶面位置,沿平行于管道的方向依次设置测点,连接各测点形成测线,对每个测点进行不同频率的激振,采集数据,获得冲击回波的反射卓越周期时刻。各试块所有管道测线均以管道一端为起点。

2)逐点式冲击回波检测系统采用钢珠撞击混凝土表面产生瞬时应力脉冲,通过改变钢珠直径以获得不同的冲击接触时间。逐点式冲击回波检测系统钢珠直径的选择可参照表Q.0.4-1。

表 Q.0.4-1 钢珠直径选用表

结构厚度(cm)	10~20	20~30	30~50	50~100	>100
钢珠直径(mm)	5	6~8	8~9.5	9.5~20	>20

3)采用逐点冲击回波检测系统检测时,根据传感器与混凝土表面紧贴情况可以采用耦合剂黏结。

6 采用扫描式冲击回波检测系统进行检测时应按下列步骤进行:

1)在测试面关键部位划分测试区域,关键部位一般每10cm间隔设置一条测线。对于预应力管道的测量,测线方向应尽量与预应力管道方向垂直。检测中出现可疑区域或测点时应及时查找原因,必要时进行复测校核或缩小测试范围且加密检测。

2)扫描式冲击回波检测系统采用电驱动螺线管,在电驱动下瞬间射出,冲击混凝土表面,通过采用不同大小的激振器结合调节螺线管的冲击能量,达到改变冲击持续时间的目的,扫描式冲击回波检测系统冲击力参数的选择可参照表Q.0.4-2。

表 Q.0.4-2 扫描式冲击回波检测系统冲击力参数设置表

结构厚度(cm)	9~20	20~30	30~50	>50
激振器	高频	高频、低频	低频	低频
螺线管能量等级	A/B	C/D、B/C	C/D	D

3)采用扫描式冲击回波检测系统检测时,扫描器应紧贴混凝土表面,移动扫描器应均匀滚动。

7 为了尽量消除测量中的干扰波,采样时应设置滤波,滤波形式为高通、低通或带通。采样时,应设置高通,从而滤掉低频干扰波。如有需要,也可设置低通滤波。通常根据所测结构厚度推测其最低频率值,设置高通滤波。数据采集时的滤波参数可参照表 Q.0.4-3。

表 Q.0.4-3 混凝土结构高通滤波频率

结构厚度(cm)	10	20	30	40	50	>60
高通(Hz)	9 000	6 000	4 000	3 000	2 000	1 500~0

8 检测中出现可疑区域或测点时应及时查找原因,必要时进行复测校核或缩小测试范围且加密检测。

Q.0.5 冲击回波法数据处理应按下列规定进行:

1 冲击回波法测量数据应经过数字滤波处理,并通过时域分析、频率幅度谱分析,计算缺陷位置与构件厚度。

2 结构构件厚度或缺陷估计位置应按式(Q.0.5)计算:

$$h = \frac{C_P}{2f'} \quad (Q.0.5)$$

式中:h——混凝土结构构件的厚度或缺陷估计位置(mm),精确至1mm;

C_P——混凝土波速度(m/s),精确至1m/s;

f'——振幅谱中构件厚度或缺陷对应的频率值(Hz),精确至0.1Hz。

3 计算出厚度所对应的主频峰值估算值是判定构件是否有缺陷的参照值,但还需结合结构构件形状、钢筋直径、保护层厚度、管线布设情况、预埋件位置、地质等影响因素综合分析判断,确定出构件厚度和内部缺陷位置。扫描式冲击回波测试系统具备三维图、厚度-距离图分析功能,可以直观地判断缺陷的位置和情况。而逐点式冲击回波检测系统也可通过检测数据利用其他分析软件来做出厚度-距离图。

Q.0.6 冲击回波法检测结果符合应力波在固体中的传播和反射声学规律,可参照下列要点进行判断:

1 混凝土无缺陷正常情况下的频谱图,频域曲线光滑,有单峰,频域峰值符合机械波在混凝土中的传播规律。

2 混凝土浇筑的质量较好,中间略有小的空洞、离析等缺陷时,频谱图呈现曲线光滑,有单峰,但是频率峰值小于机械波在混凝土中传播应有的频率值 $f_1 < f$。

3 混凝土中有大的缺陷、大的空洞,在缺陷部位频域曲线向低频偏移,频域图出现多峰。

4 预应力管道灌浆饱满时,由于管壁的影响,频域曲线有可能略微偏移。

5 混凝土中有缺陷,存在两个反射面,此时会出现两个明显的峰值,根据次峰位置可以判断混凝土中缺陷的位置。

附录 R 预应力管道压浆密实度检测记录表

表 R 预应力管道压浆密实度检测记录表

检测机构名称：　　　　　　　　　　　　　　　　　　　　　　　记录编号：

工程名称				施工单位		
工程部位				梁板位置/编号		
检测方式	全长普查方法：□声波透射法　□声波反射法 侧面扫查方法：□声波剖面法　□冲击回波法　□地质雷达法					
检测依据				压浆日期		
仪器设备						
波纹管/测点编号	波纹管长度(m)		钢绞线数量	文件名		备注
波纹管/测线分布图						
备注						

检测：　　　　　　　　　复核：　　　　　　　　　日期：　　年　　月　　日

本规程用词用语说明

1 本规程执行严格程度的用词,采用下列写法:

1)表示很严格,非这样做不可的用词,正面词采用"必须",反面词采用"严禁";

2)表示严格,在正常情况下均应这样做的用词,正面词采用"应",反面词采用"不应"或"不得";

3)表示允许稍有选择,在条件许可时首先应这样做的用词,正面词采用"宜",反面词采用"不宜";

4)表示有选择,在一定条件下可以这样做的用词,采用"可"。

2 引用标准的用语采用下列写法:

1)在标准总则中表述与相关标准的关系时,采用"除应符合本规程的规定外,尚应符合国家和行业现行有关标准的规定"。

2)在标准条文及其他规定中,当引用的标准为国家标准或行业标准时,表述为"应符合《××××××》(×××)的有关规定"。

3)当引用本标准中的其他规定时,应表述为"应符合本规程第×章的有关规定"、"应符合本规程第×.×节的有关规定"、"应符合本规程第×.×.×条的有关规定"或"应按本规程第×.×.×条的有关规定执行"。